Eberhard Neubronner

Der himmlische Blick

Eberhard Neubronner

Der himmlische Blick

Fotografierende Pfarrer
im alten Württemberg 1890–1960

Silberburg-Verlag
www.silberburg.de

1. Auflage 2013

© 2013 by
Silberburg-Verlag GmbH,
Schönbuchstraße 48,
D-72074 Tübingen.
Alle Rechte vorbehalten.
Umschlaggestaltung:
Björn Locke, Nürtingen.
Druck: Gulde-Druck, Tübingen.
Printed in Germany.

ISBN 978-3-8425-1256-6

Besuchen Sie uns im Internet
und entdecken Sie die Vielfalt
unseres Verlagsprogramms:
www.silberburg.de

Inhalt

Vorwort 7

Wer die gemeinen Leute liebt … 9

Der stille Unterländer 17
    HERMANN FÜRCHTEGOTT LORENZ

Frau Pfarrer auf dem Rad 21
    KARL SCHNIZER

Schon ein Lichtjahr entfernt 29
    FERDINAND HUBER

»Es ist das Klima zu rauh« 37
    ERNST DREHER

Offene Haustür, humane Haltung 45
    PAUL NEHER UND EUGEN SCHMID

Die Vielfalt trug Früchte 53
    OTTO PARET

Arbeiten muss man 59
    HEINRICH MÜRDEL

Die Hetze als Greuel 65
    ERNST HAUSSMANN

Zwei Weltkriege, so oder so 75
    FRIEDRICH LOSCH UND GUSTAV HOFFMANN

Ein wacher Beobachter 79
    LUDWIG HELBLING

Beten und Fotografieren 91
    DIE BENEDIKTINER VON BEURON

Was einer ist und war ...   *103*
    EUGEN STÖFFLER

Barmherzig und ohne Furcht   *113*
    WALTHER BOLLACHER UND HERMANN RENZ

Zwischen Distanz und Nähe   *121*
    WALTER FRIESS

»Tapfer und getrost«   *127*
    HERBERT WITTMANN UND GOTTLOB LECHLER

Ebenso stark wie empfindsam   *135*
    HANS ECKLE

Mit Sakko und Schlips   *143*
    KURT SEILS

Kein frommer Duckmäuser   *149*
    ALOIS MANZ

Vom Krieg zum Frieden   *157*
    RUDOLF BUCHHOLZ UND KARL WEBER

Letzte Reste geborgen   *163*
    HANS RITTER

Sanftmut, Demut, Geduld   *169*
    HANS-PETER SCHMID

    Anhang   *173*

    Zu den Bildern   *173*

    Literatur   *174*

    Editorische Hinweise   *175*

    Vita   *175*

Vorwort

Es muss 1988 oder 1989 gewesen sein, als Hans Eckle, einer der in diesem Buch vertretenen fotografierenden Pfarrer, in der Bibliothek des Tübinger Ludwig-Uhland-Instituts vor kleinem Publikum seinen Lichtbildervortrag gehalten hat. Der Pfarrer im Ruhestand war mit einer ramponierten Aktentasche unterwegs. Darin verborgen: mehrere Diamagazine, eine alte Feldflasche und eine offenbar authentische Kleinbildkamera mit deutlichen Gebrauchsspuren. Thema der Vorstellung: Der Krieg im Westen und im Osten 1939 bis 1942. In den 1980er Jahren waren Farbdias aus der Zeit des Nationalsozialismus eine absolute Seltenheit. Ich hatte bis dahin noch nie welche zu Gesicht bekommen.

Hans Eckle war als einfacher Soldat in den Krieg gezogen. Zunächst diente er in Frankreich, dann kam er an die Ostfront. Im Vortrag ließ er nun für uns mit seinen Farbdias alle Stationen Revue passieren. Rechtzeitig vor dem Krieg hatte er sich »in weiser Voraussicht«, wie er betont, mit Agfacolor-Filmen eingedeckt – als sie noch erhältlich waren.

Aber dieser eifrige Fotochronist hatte nicht nur den Krieg als Thema. Aus seiner langen Zeit als Pfarrer von Zillhausen und Streichen bei Balingen (von 1934 bis 1978) sind unzählige Fotografien auf uns gekommen, die das dörfliche Leben porträtieren.

Der Blick des Kirchenmannes durch die Linse ist ein kreativer Blick, den viele Pfarrer – evangelische wie katholische – miteinander gemein hatten. Ein Blick, der Reflexion, intellektuelle Bildung und Inspiration erfordert: vor dem Hintergrund einer Profession, in der dienstliche Belange, Alltag und das Leben in der ruralen Umgebung kaum voneinander zu

Zillhausen, August 1950: *Festzug der neuen Kirchenglocken nach einem Gottesdienst mit Landesbischof Theophil Wurm, aufgenommen vom langjährigen Pfarrer Hans Eckle.*

Bei Langenau, Oberamt Ulm. Gymnasiasten üben sich in Archäologie und schwingen den Pickel. Fotografiert hat sie der Pfarrer Dr. Friedrich Losch (um 1923).

trennen sind. Vergleichbar vielleicht nur noch mit einer weiteren akademischen Berufsgruppe: den Dorflehrern.

Ohne die fotografierenden Pastoren wäre die Fotogeschichte des 19. und 20. Jahrhunderts um viele Schätze aus der ländlichen Kultur und der bäuerlichen Lebensweise ärmer. Gleichfalls halten uns die protestantischen Lichtbildner vor Augen, dass die fast schon sprichwörtliche Bilderfeindlichkeit des Pietismus in Württemberg in puncto Fotografie keinen Niederschlag fand, leisteten doch die geistlichen Foto-Dokumentare einen entscheidenden Beitrag zur visuellen Kultur und damit zu unserem patrimonialen Erbe. Dass sich manche der fotografierenden Diener Gottes in den 1930er-Jahren mitunter vor den Karren der völkischen Ideologie spannen ließen, hat einen bitteren Beigeschmack, ist aber ebenso Teil unserer Geschichte.

Die fotografischen Bilder sind das eine, ihre Glaubwürdigkeit ist das andere: Hans Eckle indessen traute der Authentizität seiner eigenen Lichtbilder allein offenbar nicht so recht. Mit den beim Vortrag im Ludwig-Uhland-Institut aus der Aktentasche gezogenen und im Publikum herumgereichten originalen Utensilien – altertümliche Kleinbildkamera und abgeschabte Feldflasche – versuchte er die visuelle und eigenhändige Zeugenschaft, das »Ich war dabei«, zu verifizieren und gleichzeitig symbolisch zu transformieren: Als ob der Protagonist damit die phantastische Präsenz seiner Fotografien aus der Wandprojektion wieder zurück in die verkorkbare Flasche der Geschichte hätte zaubern können!

Es liegt an uns, diese Phänomene zu analysieren – die Bilder zu bewahren, zu deuten und mit einem historischen Kontext zu versehen. Dies erscheint umso wichtiger, als wir Zeitzeugen vom Schlage eines Hans Eckle in absehbarer Zeit nicht mehr werden fragen können.

Ulrich Hägele

Wer die gemeinen Leute liebt ...

Ländlicher Sonntag, Ende Mai. Irgendwo im alten Württemberg betritt ein evangelischer Pfarrer die Kanzel. Er räuspert sich. Bäuerinnen und Bauern, Junge und Alte, Eltern und Kinder schauen ihn an. Letzte Glockentöne sind verstummt, jetzt kommen auch keine Nachzügler mehr. Bis auf das Geschwätz der Schwalben, die aus dem fernen Afrika zurück ins Dorf gefunden haben, ist es still.

Gotthilf Rupp wird heute das Gleichnis vom Sämann predigen. Da aber sein Auditorium oft etwas müde wirkt und mancher Blick abschweift, wählt er die Offenbarung Johannes' als Weckruf. Heißt es in ihr doch: »Wer Ohren hat, der höre, was der Geist den Gemeinden sagt.« Rupp will anschließend Markus 4,12 sprechen lassen, weil viele Gläubige die *Frohe Botschaft* »mit sehenden Augen sehen, aber doch nicht erkennen, und mit hörenden Ohren hören, und doch nicht verstehen«.

Ach ja, die Schrift aller Schriften hat Recht. Lieber Himmel!

Im selben Moment lässt die Konzentration des Geistlichen nach. Für eine Sekunde nur, ob Gotthilf Rupp mag oder nicht. »Sehen« schießt es ihm durch den Kopf, und er nimmt sich vor, dieses Verb künftig ernster als sonst zu nehmen. Es setzt ihm zu, verursacht sogar ein schlechtes Gewissen. Der Begriff wird nun freilich ausgeklammert, bis die Predigt gehalten, das Vaterunser gebetet und Gottes Segen erteilt worden ist. »Gehet hin«, murmelt Pfarrer Rupp noch am Mittagstisch. Wobei er nicht das Kirchenvolk meint, sondern seine Gedanken.

»Stört dich etwas?«, fragt seine Ehefrau Wilhelmine besorgt und bittet die drei Pfarrersbuben (ein Kleeblatt namens Andreas, Berthold und Christoph), folgsam zu essen, »weil euer Vadder sei Ruh brauchst«. Sie fügt an Rupp gewendet hinzu: »Waret se wieder a bissle lahm, deine Leut?« Nein, antwortet er eher irritiert. Sie hätten wohl gemerkt, dass ihr Seelsorger den stets sorgfältig erarbeiteten Text nur heruntergespult statt mit Herzblut gefüllt und verbreitet hat. Das untergrabe auf Dauer jede Autorität. Aber auch mit der Sympathie zwischen Herde und Hirt stehe es nicht zum Besten, wenn das so weitergehe.

Abends am Schreibtisch, vor dem meist kurzen Schlaf, liest Gotthilf Rupp nochmals jene Formulierung des Evangelisten Markus, die ihn während der Predigt abgelenkt hat. »Mit sehenden Augen«,

Jakob Friedrich Sautter *während einer Ausgrabung im Maientäle bei Auingen – beobachtet von Karl Eberhardt, Pfarrer zu Hundersingen im Großen Lautertal (1905).*

Konfirmandinnen *und Konfirmanden aus Luizhausen, Oberamt Ulm. Pfarrer Peter Utz nimmt sie auf und dokumentiert damit auch ihre schmucke Kleidung (1917).*

wiederholt er laut und denkt: Wie hab ich bloß vergessen können, was mir anvertraut wurde? Da liegt etwas seit Jahren im Keller, weder ausgepackt noch geprüft oder gar benutzt – mein Onkel wäre enttäuscht, wenn er wüsste, was hier passiert ist. Springt man derart ignorant mit einer Hinterlassenschaft um? Morgen, Uncle Ben, holt dein Neffe alles nach.

Benjamin Fehrbach, später Ben Fairback, war der 1848 geborene Bruder von Gotthilfs Mutter Erna. Er reiste 1869 via Hamburg mit dem HAPAG-Dampfer »Holsatia« nach New York, fuhr anschließend nach Milwaukee im Bundesstaat Wisconsin und arbeitete dort bei der Bierbrauerei des Emigranten Friedrich Müller, alias Frederick Miller, aus Riedlingen. Ben schuftete sich jahrzehntelang hoch und starb 1920 als Junggeselle. Sein großes Hobby war die Fotografie gewesen. Fairbacks Haushälterin jedoch fand in seinem Nachlass nichts, was zur Leidenschaft ihres Herrn passte; außer einer Klappkamera Marke »Detectiv« der Firma Ernemann (Baujahr 1912) gab es kein Erbstück. An diesem Apparat indes klebte ein Zettel, worauf Ben gekritzelt hatte: »Please give it to Erna or relatives.«

So kam der »Detectiv«, zwei Jahre nach dem Tod seines Besitzers, zu Pfarrer Rupp. Eine schöne Story? Man muss wissen, dass sie erst an dem erwähnten Sonntagabend blüht und schon am Tag danach reift. Ende Mai 1922 also, gegen zehn Uhr früh, öffnet unser ziemlich zerknirschter Gotthilf Rupp einen kleinen Karton und hält die Kamera in der Hand: Ben Fairbacks Eigentum, das vom sächsischen Ernemann-Werk über Milwaukee nach Württemberg gefunden hat. Was soll er tun? Vor seinem inneren Horizont hocken wie gestern Bäuerinnen, Bauern, Junge, Alte, Eltern und nicht zuletzt Kinder im Kirchenschiff. Sie schauen zu ihm empor …

»Liebe Gemeinde«, murmelt er im Arbeitszimmer, »ich hab den Ruf aus Amerika verstanden. Demnächst dokumentiere ich euren Alltag. Auch wenn das Geld kostet und meine Frau stöhnt. Seid geduldig und tragt mir nichts nach. Einer Autorität lehnt man ohnehin keinen Wunsch ab, ich bin quasi amtlich aktiv. Wer weiß, vielleicht wird die nächste Generation froh sein, dass jemand aufmerksam war? Was man nicht sichert, entschwindet.«

Gotthilf Rupp überlegt. Bald muss der Pfarrer das Vermächtnis des Bierbrauers Ben aus Wisconsin umsetzen, mit Leben füllen, ihm gerecht werden. Zum Glück ist er mit Mathis Mengesdorf befreundet, dieser technisch versierte *Lichtbildner* wird helfen. Wie also öffnet man eine Klappkamera? Kauft man Platten oder Filme? Letzteres wäre nicht schlecht, weil modern (Mengesdorf zählt zu den Fortschrittlichen). Wo werden Verschluss und Blende eingestellt? In den Objektivring hat die Firma Ernemann »Aplanat 1 : 6,8« graviert, wohin weist das?

Fragen über Fragen.

Mathis Mengesdorf erzählt drei Tage später, dass der Priester Hannibal Williston Goodwin den Rollfilm erfunden und 1887 zum Patent angemeldet hat – Bromsilber-Gelatine auf Zelluloid. Doch ein cleverer Konkurrent stahl ihm die Schau: George Eastman, Gründer von *Kodak*, gilt bis heute als Pionier. »Gemeinheit«, antwortet Gotthilf Rupp. »Meinen fernen Kollegen derart zu schädigen! Welcher Richtung gehörte er an?« »Episkopalkirche«, sagt Mengesdorf. »Findiger Kopf, leider finanziell schwach – aber Eastman musste fünf Millionen US-Dollar Schmerzensgeld zahlen.« Und Rupp: »Es gibt noch Gerechtigkeit.«

Meister Mengesdorf lehrt ihn, gibt stets den Rat: Keine Angst vorm Gesicht! Sein Schüler fotografiert gleichwohl nur Feld oder Forst. Gotthilf Rupp möchte allein sein; den Amateur hemmen die Schritte im Neuland, ein wachsendes Selbstbewusstsein bleibt zunächst aus. Er gleicht jenem Hominiden *Australopithecus*, dessen nach und nach aufrechter Gang nicht nur Mut gemacht, sondern auch Furcht erregt hat.

Lass dir Zeit, Gotthilf, laufe langsam zum Ziel. Und wirklich … die Dörfler kriegen das mit. Vorerst durch einen Dreikäsehoch, der ihren Pfarrer sichtet, als dieser Motive sucht. Schnell geht Skandalöses von Mund zu Mund. An den Stammtischen aller drei Gasthäuser munkeln sie, dass »jetz aus 'ma fleißiga Herra a Faulenzer wird«. »Sonscht no ebbas?« »Ha noi. Ma sott d' Aufsicht informiera! Pflichtverletzong isch dees, jawoll!« Aus Ärger entwickelt sich Wut, kein Bauer prüft Details, harsche Proteste treffen in Stuttgart ein. Doch der Oberkirchenrat kennt Gotthilf Rupp als korrekten Mann und schlägt den Fall nieder. Nicht ohne beide Parteien miteinander zu versöhnen, was jedem Christen gut ansteht.

Nun sorgt er, dem seine Schafe die Stirn hatten bieten wollen, für mehr Tempo. Hundertfach peilt Pfarrer Rupp das ländliche Milieu an und setzt den »Detectiv« ein: Bäcker und Besenbinder werden abgebildet, Küfer, Köhler, Maurer, Moster, Schäfer, Schuhmacher, Wagner, Waldarbeiter und Wegeknechte. Beim Heuen fehlt er ebenso wenig wie während der Haferernte. Auch wenn Kartoffeln gesteckt oder Steine gelesen werden, wenn Frauen Flachs brechen und vor ihrem Spinnrad sitzen, ist Gotthilf Rupp zur Stelle. Die Wäscherin sieht sich unverhofft porträtiert, ein Bote macht etwas her, ohne Kamera wird selten Mist ausgebracht, kaum Gülle gefahren, gepflügt oder draußen gevespert. Taufe, Konfirmation und Hochzeitskaffee sind Details im Werk des Dokumentaristen.

»Du und dei Blick«, seufzt Wilhelmine Rupp manchmal. »Der bringt uns no ins Armahaus.« Vom Himmel zur Höll, denkt sie als sparsame Schwäbin und rätselt, woher er diese Wolkenguckerei hat. Brotlose Kunst!

Der himmlische Blick des Geistlichen … gibt oder gab es ihn? Wenn ja, war diese Art zu beobachten typisch? Meist kannte ein Pfarrer seinen Ort gut und erwartete wegen des ihm erwiesenen Respekts kaum, dass sich jemand wehren würde, sobald er die Kamera hob. Das Spezielle im Regulären hat auch den Seelsorger interessiert, auf dem Land wie in der Stadt, bis hin zur *Comédie humaine* von Alt und Jung*. Was zu zeigen ist. Deshalb werden hier dreißig überwiegend evangelische Kleriker vorgestellt, die zwischen 1890 und 1960 viele Milieus fotografiert haben. Fast alle stammten aus Württemberg, jeder amtierte dort: Karl Eberhardt, Peter Utz, Oskar Planck, Hermann Fürchtegott Lorenz, Karl Schnizer, Ferdinand Huber, Ernst Dreher,

---

* Er musste damit nicht so weit gehen wie der französische Romancier Honoré de Balzac (1799–1850), dessen gleichnamiges Opus »den ständigen, täglichen, geheimen oder offen zutage liegenden Tatsachen, den Handlungen des individuellen Lebens, ihren Ursachen und ihren Prinzipien« auf der Spur war. Zu anderen Titeln siehe das Literaturverzeichnis im Anhang: Seite 174.

Paul Neher, Eugen Schmid, Otto und Wilhelm Paret, Heinrich Mürdel, Ernst Haußmann, Dr. Friedrich Losch, Gustav Hoffmann, Ludwig Helbling, Johannes Berchmans Drouvé, Eugen Stöffler, Walther Bollacher, Hermann Renz, Walter Frieß, Herbert Wittmann, Gottlob Lechler, Hans Eckle, Kurt Seils, Alois Manz, Rudolf Buchholz, Karl Weber, Hans Ritter und Hans-Peter Schmid. Der Pfarrer Rupp mit seinem Onkel Ben aber bleibt Theorie, weil erfunden – eine Mischung aus mehreren Männern des Genres.

Die meist recht professionell arbeitenden Amateure folgten einem inneren Drang. Es ging ihnen nie um Voyeurismus: Offene Augen daheim und anderswo dürfte ihr heute banalisiertes Tun erst ermöglicht haben. Zwar hatte Jahwe seinem Volk Israel aufgetragen, sich »kein Bildnis noch irgend ein Abbild [zu] machen von dem, was im Himmel [und] was unten auf der Erde ist: Bete sie nicht an und diene ihnen nicht!«* Doch den Jüngern der Jahr für Jahr populäreren Fotografie war dies wohl egal. Pfarrer oder Mönche, wie etwa die kunstsinnigen Benediktiner in Beuron, konnten mehr oder minder frei schalten und walten. Das Neue Testament war schließlich weniger streng als Moses' Schrift.

Skizzieren wir rasch diverse Geistliche, wobei Schwäbisch-Südwest nolens volens gestutzt wird. Neckar und Enz, Donau und Jagst, Ries und Schwarzwald sollen unser Territorium rahmen, vom Preußenstaat Kaiser Wilhelms II. (»Heil dir im Siegerkranz / Herrscher des Vaterlands«) bis zum Föderalismus nach 1952 dehnt sich die Zeit.

Ein paar Konturen holen also fünf Männer ins Heute, mit der kompletten Auswahl wird später bekannt gemacht: *Hermann Fürchtegott Lorenz* wurde 1889 von Hohenacker bei Winnenden nach Gruorn versetzt. Diese Pfarrei auf dem rauen Münsinger Hardt und nicht zuletzt die ebenso rauen Bewohner des Albdorfs belasteten anfangs das Amt. Dennoch oder gerade aus jenem Grund fotografierte er emsig; einige Glasnegative sind erhalten geblieben, weil Lorenz' Enkelin Constanze Schaffitzel sie dem Stadtarchiv Münsingen schenkte. Zwei andere schöne Sujets sind in Oberwälden verwahrt, einem kleinen Ort zwischen Fils- und Remstal, Fürchtegotts vorletzter Station.

Ferdinand Huber aus Niedernhall zog 1899 ins Pfarrhaus zu Auendorf nahe Bad Ditzenbach ein. Ihm, der die theologischen Seminare Schöntal und Urach sowie das Tübinger Stift besucht hatte, gefiel es dort. Das lässt jedenfalls ein Album voller Fotos vermuten, welche er mit seiner Plattenkamera aufgenommen hat. Die Bilder sind ziemlich verblasst, sie zeugen indes noch immer von Hubers wacher Präsenz. Menschen des bis 1849 »Ganslosen« genannten Dorfs lagen ihm am Herzen. Er nahm materielle Armut oder Kuriositäten zur Kenntnis und kommentierte sie schriftlich – zuweilen nicht ohne sanften Sarkasmus, der aber das Landvolk schonte.

Weit über dem Durchschnitt seiner mit Apparat und Stativ werkelnden Amtsbrüder vor oder nach 1900 rangiert *Ernst Dreher*. Geboren in Ödenwaldstetten, war er zunächst als Vikar und Pfarrverweser an wechselnden Orten des Königreichs Württemberg eingesetzt. 1898 wurde die Stelle in Donnstetten (Dekanat Urach) frei, sie schien wie auf den Lehrersohn zugeschnitten. Drehers praktischer Sinn rief Respekt hervor. Er wiederum fotografierte Bäuerinnen oder Bauern während ihrer Arbeit, übersah auch das heimische Handwerk nicht und hinterließ kostbares Material. Donnstetten verlieh ihm 1907 zum Abschied die Ehrenbürgerschaft.

Vierzig Jahre fast pausenlos am selben Platz tätig? *Heinrich Mürdel* hat diese Tatsache positiv werten können. Er wurde nach kurzer Ehe Witwer und sah sich seither enger denn je mit dem hohenlohi-

---

* Zweites der Zehn Gebote. Im ersten Teil frei übersetzt durch Jürgen Ziemer, bis 2004 Professor für Praktische Theologie (Universität Leipzig).

In Nussdorf:
Wilhelm Hahn kutschiert Mädchen des »Jungfrauenvereins« nach Schmie bei Maulbronn. Pfarrer Oskar Planck hält den Aufbruch fest (um 1928).

schen Dorf Unterregenbach an der Jagst verbunden. Schon Mürdels Vater Christoph war Pfarrer gewesen, doch erst sein 1870 in Erpfingen geborener Sohn entdeckte die Fotografie als Passion. Vom Schwiegervater Moll hatte Heinrich Mürdel 1903 eine Kamera für »gute Bilder« bekommen. Resultat: Unterregenbach, das Kirchlein Sankt Veit, archäologische Grabungen im Pfarrgarten, der Transport eines Dampfkessels über den Fluss … alles kam in den Kasten.

Mit *Ludwig Helbling* endet unsere Vorschau. Seine Fotos bringen uns die Leute der Gemeinden Würzbach und Ostelsheim unweit von Calw zwischen zwei Weltkriegen näher. Helblings Œuvre – er stammte aus Stuttgart und starb 61-jährig nach dem Gottesdienst – diente zum Teil einem Konzept des Landesamts für Denkmalpflege, Abteilung »Volkstum«. Deren Kurator August Lämmle forderte dann und wann Arbeiten bei Ludwig Helbling an, die das NS-Ideal illustrieren sollten: blonder Mensch auf germanischer Scholle. Trennt man Weizen und Spreu, bleibt trotz mancher Färbung eine gewisse Zahl spannender Dokumente zurück. Wertvoll, weil nicht wiederholbar.

Um kurz bei der jüngeren deutschen Geschichte zu stoppen: Es mag ein Zufall sein, dass mehrere fotografierende Pfarrer unserer Kollektion dem Naziregime nichts abgewinnen konnten. Manche wie

Eugen Stöffler kämpften tapfer dagegen an und halfen Verfolgten, andere (Gottlob Lechler oder Hans Eckle) leisteten listig Widerstand in der Hoffnung, dass Hitlers Reich bald enden würde. Wer will angesichts solcher Männer aus sicherer Distanz urteilen über jene, die das braune Tier fütterten, obwohl es ihre Nachbarn fraß? So oder so: Alle historischen Fakten sind klar. Man muss sie kennen.

Der erwähnte Ludwig Helbling handelte zweifellos besten Glaubens, was Mitschuld nicht ausschloss, indem er August Lämmle gern Schwarzweißbilder und Farbdias lieferte. Dieser dankte ihm prompt: »Gute Aufnahmen aus dem Arbeits- und aus dem Volksleben sind sehr selten. Meistens wird Zufälliges und Unwesentliches photographiert oder kommen durch die Befangenheit der Menschen schiefe Bilder heraus.« Selbst eine Schafschur per Hand, als man schon elektrische Scheren verwendete, wurde so archiviert.

»Die Zusammenarbeit zwischen der Landesstelle für Volkskunde und dem fotografierenden Pfarrer« [Helbling vor 1945], schreibt Ulrich Hägele in seinem Buch »Foto-Ethnographie«, sei beispielhaft »für ein wissenschaftliches Selbstverständnis, das große Teile des Faches im nichtuniversitären Bereich verinnerlicht hatten: Die Volkskunde war eine Pseudowissenschaft, die vom Schreibtisch aus betrieben wurde. Ihre Protagonisten vergaben kleinere Aufträge für Dokumentationen, Feldrecherchen und fotografische Studien an Gewährsleute, also interessierte Laien, unter ihnen vorwiegend Pastoren, Lehrer und sonstige Honoratioren. Das Verhältnis zueinander war geprägt von einem hierarchischen Prinzip: Der Gewährsmann hatte sich nach der Behörde zu richten, auch wenn sie einmal etwas falsch machte.«

Auch Ernst Dreher in Donnstetten und Türkheim bei Geislingen (1898 bis 1925) wurde vom Chef der 1923 gegründeten Württembergischen Landesstelle für Volkskunde hofiert. August Lämmle: »Wie sehr Sie persönlich Bauernarbeit und Bauernleben lieben, das merkt man an Ihren Bildern, die echt und mit ernster Wärme die Wirklichkeit und den Ernst des Bäuerlichen wiedergeben. Ich bitte um die Erlaubnis [...], an Zeitungen und Zeitschriften einzelne Stücke geben zu dürfen.« Dreher allerdings hatte schon vor diesem rhetorischen Schmalz nicht auf »Blut und Boden« spekuliert – er war ein sozial denkender Konservativer, dessen Porträts oder Gruppen nur wegen der langen Belichtungszeit oft etwas starr wirken. Reizvoll sind sie allemal.

Wer fotografierende Pfarrer sucht, hat ein Problem. Das Thema gilt als weitgehend unbekannt, die *Terra incognita* Württemberg hemmt den Forschenden und lässt zögern: Ist dieser Typus eine Fiktion? Irrtum. Dass Geistliche auch außerhalb des Berufs tüchtig waren, beweist ja schon Johann Peschel. Er verfasste das erste deutsche Gartenbuch, es wurde 1597 gedruckt. Peschel rechtfertigte sich damals a priori und schrieb, wohl um Kritik seitens hoher Herrn zu entgehen: »Wir armen Pfarrer auf den Dörfern können nicht immer studieren, dieweil wir mit der beschwerlichen Mühe des Ackerbaus beladen sind.« Aus Not wurde Tugend, sie geriet dem Oberösterreicher zum Verdienst mit seinem Werk, »darinnen ordentliche und Warhaftige Beschreibung / wie man aus rechtem Grund der Geometria einen nützlichen und zierlichen Garten / mit künstlicher Abteilung und Ordnung [...] anrichten sol«.

Zwischen Peschels Kompendium und den Fotos kreativer Pfarrer oder Ordensbrüder im 19. und 20. Jahrhundert dienten mindestens vier Generationen frommer Christen ihrer Liebhaberei. Was prägte sie?

Wolfgang Steck schildert in dem durch Martin Greiffenhagen herausgegebenen Band »Das evangelische Pfarrhaus« treffend, unter welcher Spannung nicht selten das Fotografieren stand: »Denn der Pfarrer kennt weder die strikte Trennung von Arbeitszeit und Freizeit noch die genaue Unterscheidung von Wohnhaus und Arbeitsstätte. Er wohnt nicht nur im Haus, sondern er arbeitet zu Hause.« Christian Graf von Krockow fügt hinzu: »Doch es bleibt Zeit für vielerlei, für den Imker von Graden [sic!], den Lokalhistoriker oder was immer – für Kenntnisse und Tätigkeiten, die mit dem Ansehen viel zu tun haben und daher mehr sind als ›Hobbys‹.« Nicht zuletzt war der Mann eine »Respektsperson, etwas wie geistliche Obrigkeit«, und ihr (wie an anderer Stelle gesagt) schlug man keinen Wunsch ab. Auch nicht jenen, sich auf Platte oder Film bannen zu lassen.

Bitten wir Christel Köhle-Hezinger, bis 2011 Professorin für Volkskunde in Jena, um das Schlusswort. Passend zum hier häufig gestreiften Alltag zitiert sie den württembergischen Seelsorger und Erzieher Johann Friedrich Flattich, dessen humane *Hausregeln* auch heute noch respektabel sind. Zuerst jedoch soll diesem »schwäbischen Salomo« die Reverenz erwiesen werden: Er kam 1713 in Beihingen zur Welt, besuchte die Klosterschulen von Denkendorf und Maulbronn und studierte Theologie am Tübinger Stift. Dem Vikariat folgten fünf Jahre als Garnisonsprediger auf dem Hohenasperg, bevor Flattich Pfarrer in Metterzimmern und Münchingen wurde. Der Unterricht, einst *Information* genannt, ließ ihn kaum los. Er notierte, »daß Töchter leichter als Söhne zu informieren seyen, indem sie [...] williger und gelerniger sind«. Armen Dorfbewohnern wurde das »Haußen« beigebracht, wozu »2 Stück [gehören], nehmlich Erwerben und Spahren«. Johann Friedrich Flattich sorgte ebenso humorvoll wie liberal für ein besseres Leben der ihm jeweils anvertrauten Gemeinde. Zehn Jahre vor seinem Tod, nach einer letzten Visitation, hieß es über ihn, er sei »gründlich, practisch und populair«. Schade nur, dass dieser Philanthrop noch keine Fotografie* kannte. Sie hätte den damals 74-jährigen Mann vermutlich erfreut – stets im Kontakt zum Menschen.

Flattichs Credo bleibt aktuell: »Ein Pfarrer, der die gemeinen Leute liebt und ästimirt, kann etwas ausrichten. Wer aber keinen Umgang mit gemeinen Leuten haben mag, bei dem hilft alles Predigen nichts.«

---

* Ihre französischen Erfinder, Nicéphore Niépce (Heliografie) und Louis Daguerre (Daguerreotypie), waren in Flattichs Todesjahr 1797 noch nicht einschlägig bekannt.

Gruorn bei Münsingen, um 1892: Vor dem Eingang zur Pfarrscheuer steht Hermann Fürchtegott Lorenz' älteste Tochter Elisabeth, auf einem »Mistwägele« hocken Martha und Hermann junior. Im Hintergrund die Hofmauer der 1254 erstmals genannten Stephanuskirche. Dort predigte Lorenz bis 1897.

Der stille Unterländer

HERMANN FÜRCHTEGOTT LORENZ

Er predige nicht laut genug, sagten die Bewohner des Albdorfs Gruorn über jenen Mann, der seit 1890 als Hausherr ihrer Stephanuskirche amtierte. Wer war Hermann Fürchtegott Lorenz? Vermutlich kein herber Charakter wie manche Bäuerinnen und Bauern seiner Gemeinde. An Heiligabend 1856 in Neustadt bei Waiblingen als eines von elf Kindern geboren, hatte er – zunächst ohne starken inneren Antrieb – den Weg zur Kanzel beschritten. Nach der Heirat mit Charlotte Thusnelde Oeffinger aus Korntal kamen drei Sprösslinge zur Welt: Elisabeth, Martha und Hermann junior (dieser Sohn starb relativ bald). Dann wechselte die Familie von Hohenacker, Lorenz' erster Pfarrstelle im milden Unterland, hinauf zum kühlen Münsinger Hardt. Das Dorf Gruorn wurde seit jeher *Schwäbisch Sibirien* genannt: Man wusste, warum.

Wann und wo Fürchtegott eine Plattenkamera gekauft hat, bleibt unbekannt. Tatsache ist, dass seine sehr alte Enkelin sich erinnert: »Den Apparat hat meine unverheiratete Tante Martha [sie betreute das Ehepaar Lorenz während des Ruhestands] immer als Schatz gehütet. Mit Kriegsende haben Franzosen sie weggenommen, die Platten waren noch da.« Diese Dokumente hat Constanze Schaffitzel jeweils dem betreffenden Raum zukommen lassen. Seither liegen sie im Stadtarchiv Münsingen und in Oberwälden am Rand des Schurwalds, Landkreis Göppingen, wohin der Pfarrer im Jahr 1897 versetzt worden war. Auch dort kam das Gerät samt Stativ zum Einsatz.

Lorenz muss ein wach wahrnehmender Mann gewesen sein. Sein Augenmerk galt dem Privatleben mit Ehefrau Thusnelde und dem etwas schüchtern wirkenden Trio Elisabeth, Martha und Hermann; leider sind die meisten Negative oder Kontaktabzüge verschollen, vielleicht gar zerstört, so dass der gerettete Rest desto mehr Wert hat. Er führt unsere Auswahl von Arbeiten fotografierender Geistlicher an.

Rund 120 Jahre nach dem ersten Motiv des Amateurs sind biografische Details nur begrenzt abrufbar. So wissen wir nicht, ob es sich bei den erhalten gebliebenen Fotos um Schnappschüsse handelt oder um Versuche mit längerer Belichtungszeit. Aber ein Brief von ihm liegt uns vor. Hermann Fürchtegott Lorenz schreibt an die fern von Gruorn urlaubende Familie, dass der Schnee bei ihm nachts »durch die verschlossenen Türen vom Friedhof her hat eindringen und mich im Bett überfallen wollen …« Raue Realität anno 1892! Davon jedoch existiert kein Bild.

Pfarrer Lorenz, ein großer Naturfreund, starb 1932 als kirchlicher Pensionär in Gemmrigheim am Neckar, drei Monate nach seiner Frau. Er wurde knapp sechsundsiebzig Jahre alt.

Im August 1893 fotografiert Pfarrer Lorenz seine Ehefrau Thusnelde, geborene Oeffinger. Sie lässt im Gruorner Pfarrgarten ein paar Beeren zupfen. Von rechts, nicht unbedingt emsig, beteiligen sich an der Ernte ihre Kinder Elisabeth, Hermann und Martha. Hinten erkennt man einen älteren Neffen. Elisabeth schaut nachdenklich dem Vater zu, während die kleine Martha auf ihre Art erntet.

»Stimme noch etwas dünn«

Zweimal wurde Hermann Fürchtegott Lorenz während seiner Jahre in Gruorn bei Münsingen »visitiert« (er betreute auch den Nachbarort Trailfingen). Johann August Friedrich Baur, damals der zuständige evangelische Dekan, hielt 1890 nach dem ersten Amtsbesuch fest: »Man kann keineswegs sagen, daß Pfarrer Lorenz in Gr. und Tr. nicht beliebt, nicht geachtet werde. Aber angewurzelt, geschweige denn eingewurzelt ist der ›Unterländer‹ in den beiden Albgemeinden keineswegs. In Tr. hat er noch weniger Boden als in Gr. Woher kommt das? Ich weiß es selbst nicht. Die leise Stimme kann es doch nicht allein machen?? Lorenz ist ein würdiger, ansprechender Mann, nicht ohne etwas jugendlich Gewinnendes in seinem Wesen. Männliche gravitas [= Ernst] scheinen die beiden Gemeinden an ihm zu vermissen. Thut im Verein mit seiner Hausfrau viel an den Armen; schönes Familienleben. Predigt: Gehalt und Form ›z[iemlich] gut‹. Beide Gemeinden sind nicht zufrieden mit seinen Predigten, nur ganz vereinzelte Stimmen erheben sich zu seinen Gunsten. Alle anderen sagen: Er predigt zu leis.«

Sieben Jahre später hatte Dekan Baur einen besseren Eindruck. Nun schrieb er: »Pfarrer Lorenz ist jetzt in Gruorn und in Trailfingen geachtet und beliebt. Predigt hat nach Gehalt etwas, nach Form entschieden gewonnen. Reicherer textlicher Gedankengehalt, […] wohl verständlich, manchmal etwas nüchtern und trocken: z[iemlich] g[ut]. Ausarbeitung fleißig, im Ganzen wohl geordnet. Stimme allerdings noch etwas dünn, aber nicht unangenehm. Vom Entwurf frei. Aktion gewöhnlich. Katechese [= Unterricht/Unterweisung] hat ebenfalls entschieden gewonnen …«

Oberwälden zwischen Fils- und Remstal bei Göppingen: Um 1910 werden Glocken für die Nikolauskirche herangekarrt, bald zieht man sie hoch. Der dort seit dreizehn Jahren wirkende Pfarrer Lorenz lichtet zu diesem Anlass mehrere Dorfkinder ab. Nach einer zweiten Baurenovierung (1812 fand das bisher letzte Ereignis statt) darf man wieder läuten. Gott sei gelobt!

Das Pfarrhaus von Oberwälden am Rand des Schurwalds im Winter. Wurde das Bild per Selbstauslöser aufgenommen oder durch einen Gast? Hermann Fürchtegott Lorenz (1856–1932) jedenfalls steht vor dem Zaun, neben ihm der Hund »Jockel«. Aus dem Fenster schaut Lorenz' Frau Thusnelde, links sehen wir die schon erwachsenen Töchter Martha und Elisabeth sowie rechts eine Magd.

Nachdem sich Karl Schnizer in Kirchberg an der Jagst niedergelassen hatte, kaufte er um 1897 eine transportable Kamera. Hier, auf dem Weg zur nordöstlich gelegenen Nachbargemeinde Gaggstatt, fotografiert der Pfarrer schnell entschlossen dieses Bauernpaar aus Hohenlohe. Es treibt seine Säue zum Kirchberger Markt. Links am Zaun trocknet Wäsche, das Sträßlein ist noch unbefestigt.

Frau Pfarrer auf dem Rad

KARL SCHNIZER

Als der neue Pfarrer 1890 in Kirchberg an der Jagst ankam, atmete er auf. Karl Schnizer schrieb vierzig Jahre später, auch im Namen seiner Ehefrau Anna: »Wir hatten einen guten Tausch gemacht.« Dieses Residenzstädtchen, »romantisch, mit Türmen und Mauern«, hob sich positiv von Ennabeuren ab, wo Schnizer seit 1881 amtiert hatte. Dort nun, hoch über dem Fluss, schien man im Kontrast zur Münsinger Alb besser leben zu können. Endlich am Ziel!

Hirschlanden bei Leonberg, Oktober 1855 … Karl wird als Sohn des Pfarrers Gottlob Friedrich Schnizer geboren, die Seminar- und Stiftzeit in Blaubeuren und Tübingen sowie diverse Lernstationen (Pfarrgehilfe, Vikar, Pfarrverweser) formen ihn. Er sei, vermutet ein Nachfahr drei Generationen später, wohl »kein herausragender Theologe« gewesen, aber ein guter Redner mit lautem Organ. Was den Kirchbergern wahrscheinlich passte. Lenkte sie sein Steckenpferd ab? Schnizer erlag der unter Gebildeten längst populären *Camera obscura* und hat, wie wir glauben, ein portables Modell besessen. Konkret: Unser Herr im Vollbart fotografierte.

Zu seinen witzigsten Werken zählt das Bild Anna Schnizers, geborene Mohr, auf dem Fahrrad. Damals war dieser junge Sport noch das Privileg der Männer und Buben – wenn also »d' Frau Pfarrer« einen Drahtesel lenkte, fand man solches Tun sicher seltsam. Hinter vorgehaltener Hand wurde vielleicht gar vom Tod aller Kultur geflüstert. Aber niemals in Gegenwart der geistlichen Täterin.

Im Zusammenhang mit Ennabeuren hatte Karl Schnizer notiert, dass schon damals sein großes Interesse dem Gestern galt, weshalb er Mitarbeiter der 1891 gegründeten Württembergischen Kommission für Landesgeschichte wurde. Nicht unerwähnt sei, dass Schnizers politisches Denken stark vom Antisemitismus gefärbt war: [Darum] »schloss ich mich der Bewegung Raiffeisen'scher Darlehenskassen an, welche die von den Juden (Buttenhausen) ausgebeutete Bauernschaft auf eigene Füße zu stellen suchte. Also ein Kampf gegen Zentrum und Juden, der nicht ohne Erfolg blieb …«

Eigene Kinder musste das Ehepaar streichen. Doch Karl wie Anna trösteten sich und adoptierten 1896 die Waise Anna Türk aus Eckartshausen. Sie arbeitete später in etlichen Familien als Helferin, stets dankbar an ihre »Schnizerei« denkend. Diese war übrigens mit der Autorin Agnes Günther befreundet, deren Hohenlohe-Melodram »Die Heilige und ihr Narr« 1913 posthum erschien und bis heute geliebt wird. Günther schrieb sechs Jahre zuvor ins Gästebuch des Kirchberger Pfarrhauses: »Das kann nicht vorüber und vorbei sein!« Auf den Nachruhm bezogen kein schlechter Satz.

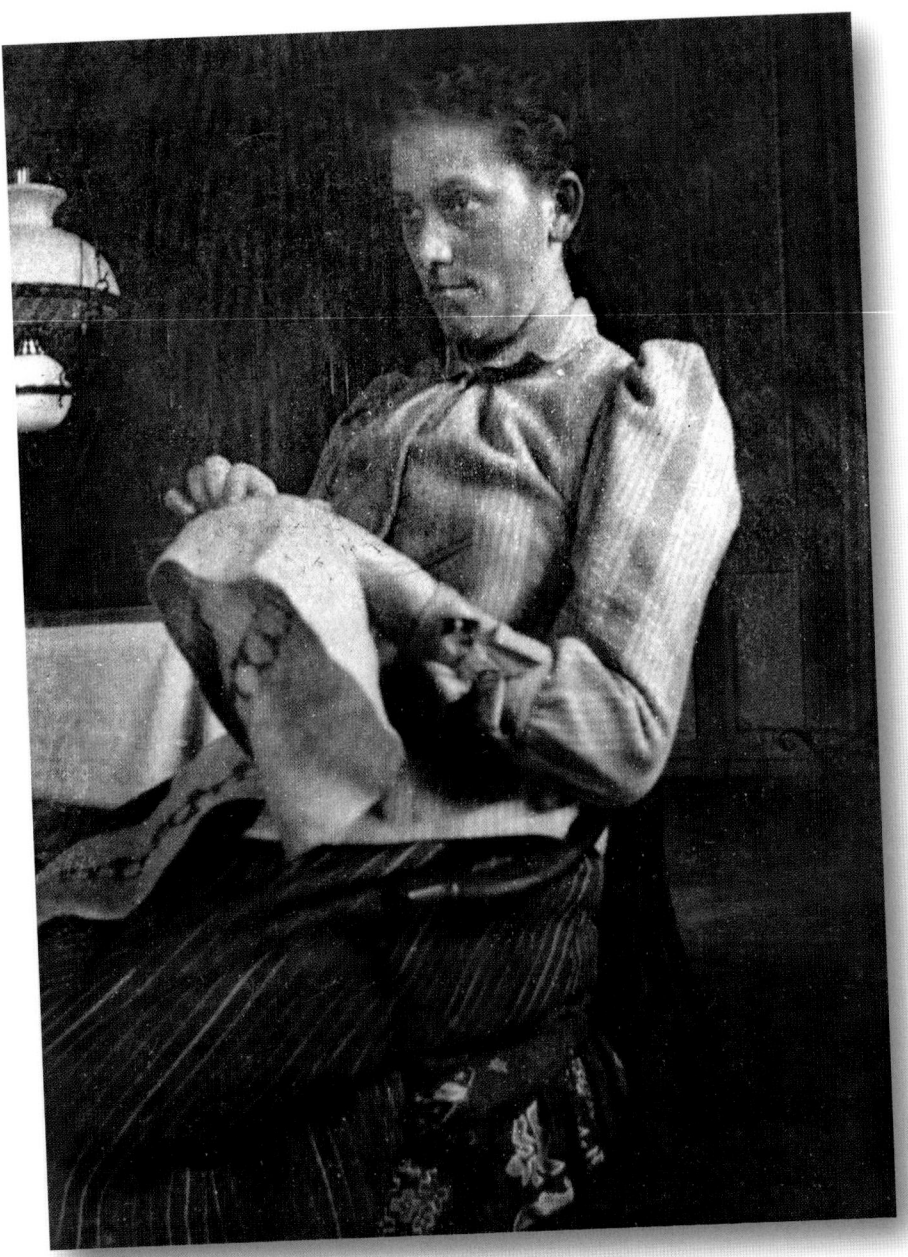

Im Kirchberger Heim während des Winters 1897/98: Karl Schnizers Frau Anna, geborene Mohr, beim Sticken. Schnizer durfte die aus Asch (Oberamt Blaubeuren) stammende Pfarrerstochter erst nach deren zwanzigstem Geburtstag heiraten. Sie starb 1948, er vier Jahre zuvor. Ihre Ehe galt als glücklich.

Kirchberg an der Jagst, 1898: Spielende Kinder im Schlosshof unweit des Amts- und Wohngebäudes von Karl und Anna Schnizer, »… die Rückseite gegen Osten hin mit dem wunderbaren Blick nach Hornberg, über Fluß und Tal …« (so der Pfarrer in seinen Erinnerungen). Gut fünfzig Jahre zuvor wird das Residenzstädtchen als »großentheils […] freundlich und sauber« bezeichnet.

Nahe Kirchberg beim Ausflug, kurz vor der Jahrhundertwende: Vierzehn- bis fünfzehnjährige Konfirmandinnen und Konfirmanden stellen sich dem fotografierenden Pfarrer Schnizer zum Gruppenbild. Man beachte die wie junge Herren eines besseren Standes kostümierten Buben – Anzug und Hut sind obligatorisch. Mädchen (weil es sich noch so gehört) bleiben brav im Hintergrund.

»**Briefträger Karl und Helmut** 1898« hat Pfarrer Schnizer dieses Bild eines königlich-württembergischen Postboten genannt. Wir meinen eher, dass der junge Mann rechts ein Mädchen mit Mütze und Pelerine sein kann. Genaueres war jedoch leider nicht zu ermitteln. Das Rätsel bleibt deshalb ungelöst.

Dass die »Frau Pfarrer« (lächelnd links außen) zwecks dauerhaft schlanker Linie eine Gymnastik mit dem Reifen favorisiert, ist eher zweifelhaft. Hier plaudert sie mit Kirchbergerinnen, den vier adretten Damen hört als Gast der Pfarrer Eugen Lachenmann aus Schrozberg (1869–1967) zu. Er war später Dekan in Leonberg.

Ha no, was wär jetz au dees? Anna Schnizer radelt entspannt – in Kirchberg gegen Ende des 19. Jahrhunderts ohne Zweifel ein ungewöhnlicher Vorgang, der die durchaus korrekt kostümierte Pfarrfrau eventuell zum Objekt des Tuschelns machte. Sie wird es toleriert haben.

Am 18. April 1899 findet eine spezielle Exkursion für Kirchberger Konfirmandinnen statt. Gerabronn ist das Ziel. Keine Frage, dass Karl Schnizer diesen »Event« festhalten muss. Das erwarten ja allein schon die Eltern der Schützlinge! Letztere haben ihre besten Kleider angezogen, Korbtasche und Schirm gehören dazu. Wer aber steht rechts – eine Gouvernante? Oder die Lehrerin?

Das Pfarrhaus in Auendorf, fotografiert im Winter 1899 von Ferdinand Huber. Noch steht der für seinen Einzug aufgestellte und mit Tannenreis umwickelte Triumphbogen, auch unter den Fenstern hängen Kränze. Anders als ihr Ruf sind viele Älbler offenbar doch nicht so herb wie ihr Klima. Jedenfalls wird Huber sich im ehemaligen Ganslosen, alias »Gaaslaus«, bald heimisch fühlen …

Schon ein Lichtjahr entfernt

FERDINAND HUBER

Der Ort im früheren Oberamt Göppingen wurde bis 1849 »Ganslosen« genannt, seither heißt er Auendorf. Die heutige Teilgemeinde von Bad Ditzenbach liegt zwischen Wiesen und Wäldern. Ferdinand Huber muss sich hier wohlgefühlt haben, denn als dieser evangelische Geistliche dort anno 1899 sein erstes Amt antrat, vermutete der in Niedernhall am Kocher geborene Sohn eines Dekans dezidiert schwäbisch: »Z' Gaslaus hots no jedem Pfarr' gfalla.« Das sollte Wirklichkeit werden.

Wer nun aber glaubt, Huber sei ein heimattümelnder Protestant gewesen, liegt falsch. Zwar kam es wohl eher leicht zum Kontakt rundum, verglichen mit den meist wortfaulen Älblern, doch Kumpanei gehörte nicht zur Position eines Pfarrers am Ende des 19. Jahrhunderts, egal ob auf dem Land oder in der Stadt. Ferdinand Huber schuf trotz solcher Grenzen, die auch heute bei aller Philanthropie kaum entbehrlich sind, ein Gleichgewicht zwischen Kirche und Welt. Ebenso aufmerksam wie sensibel näherte er sich mit der Kamera (einem plumpen Ding) den Leuten von Auendorf. Sie ließen ihn »knipsen« und empfanden wohl da oder dort – ohne darüber zu reden – etwas Stolz, weil der Fotograf ihre Existenz wahrnahm.

Hubers Album erzählt Geschichten. Seine Enkelin Gerda Stadelmann hütet es. Viele Bilder sind blass, andere wirken frisch und zeigen das rustikale Milieu im Königreich Württemberg: Weder Erwachsene noch Kinder werden decouvriert oder gar denunziert, jeder Mensch bleibt autonom. Hat man die passenden Texte entziffert, so fällt auf, dass sie manchmal ironisch klingen. Dann wieder (1918 am Grab des Warmbronner Poeten Christian Wagner) lobt Pfarrer Huber den Bewunderten mit feinem Gespür: »Seheraugen hat dir Gott gegeben / Viel Geheimes machte er dir kund / All den Dingen die da draußen leben / Sahest du auf ihrer Seele Grund …«

Der dichtende Bauer Christian Wagner aus dem kleinen Dorf bei Leonberg war ein literarischer Außenseiter, Kurt Tucholsky und Hermann Hesse erkannten spontan seine Qualität. Selbst Peter Handke schätzt den jetzt wieder mehr gelesenen Autor. Ein Lichtjahr scheint Wagners Zeit schon entfernt, zu der Ferdinand Huber noch zählt. Was weiß die »Hallo-und-Küsschen-Society« davon oder ihr kaum weniger schlichtes Pendant, welches seltsame Begriffe wie *Seinserfahrung* produziert?

Das Leben des liberalen Pfarrers endete bitter in Stuttgart. 1944, während eines Fliegeralarms, versuchte er rasch eine Straßenbahn zu erreichen und wurde von einem Fahrgast mit dem Ruf »Friedhofsgemüse« vom Trittbrett gefegt. Der folgende Sturz war tödlich. Hubers Erbe in Bild und Wort überstand diesen tragischen Fall. Es wird ihm durchaus gerecht.

Auendorf zu Beginn des 20. Jahrhunderts. Dieser Ort am Fuß der so genannten Hochalb nördlich von Bad Ditzenbach lieferte blaue Kartoffeln und »Gsälz« (Marmelade) aus Wacholder- oder Holunderbeeren, das »wegen seiner vorzüglichen Güte nahe und ferne wohl bekannt« sei, hieß es 1844. Pfarrer Hubers Foto zeigt links das bescheidene Gsälz- und Waschhaus sowie hinten die Stephanuskirche.

»**Die Häuser** sind ärmlich, unreinlich und theilweise mit Stroh gedeckt«, ist über das spätere Auendorf in der alten Göppinger Oberamtsbeschreibung zu lesen. Armut herrschte dort auch noch 1899, als Ferdinand Huber aus Niedernhall seine Pfarrstelle antrat. Hier »Gairings Haus« (Kriegergasse), ein Kleinkindergarten. Rechts Anna Mandel, die ihre bunt gemischte Gruppe betreut.

Pfarrer Hubers erste Konfirmandinnen und Konfirmanden vor der wehrhaft wirkenden Stephanuskirche. Sie wurde 1618, zu Beginn des Dreißigjährigen Kriegs, errichtet. Schon um 1100 als Kapelle bekannt, erhielt dieser kleinere Bau zweihundertfünfzig Jahre später einen Chorturm und ist seit 1534/35 das evangelische Zentrum von Auendorf – ein Herzstück, wenn man so will.

Die Auendorfer Schule darf in Ferdinand Hubers Album nicht fehlen, kreuzt doch auch er dort auf, um Religionsunterricht zu erteilen. Zum Bild der gesamten jungen Belegschaft hat sich Lehrer Bäßler anno 1900 am Eingang postiert, eine Kollegin guckt aus dem Fenster. Das Haus wurde ab 1811 geplant, schließlich 1817/18 erbaut und erst 1828 fertiggestellt.

Auendorfer Kriegsveteranen von 1870/71. Ferdinand Hubers nicht selten spitze Feder bewährt sich auch hier mit Psalm 133. Kommentar: »Siehe, wie fein und lieblich ist's, daß Brüder einträchtig beieinander wohnen.« Sitzend als Zweiter von links Johannes Frey. Er war Schultheiß zwischen 1871 und 1902. Ihm folgte im Amt, während der Zeit des Pfarrers, ein gewisser Peter Doll (bis 1918).

Die Kirche Sankt Stephanus wird gesäubert, und ihr Chef fotografiert eine weibliche Putzkolonne. Sie ist mit Wurzelbürste und Zuber angerückt. Was man nicht sehen kann: An der Nord- und Südseite des Langhauses finden wir Renaissance-Fresken (Apostel). Außerdem gibt es im Chor gotische Wandbilder, die jedoch seit dem 1834 durchgeführten Orgeleinbau zum größten Teil verdeckt sind.

»Waldnymphen« nennt Pfarrer Huber dieses Team nicht ohne leisen Spott. Wobei man sich, wie unser Fotograf, solche Wesen etwas zarter vorstellen möchte. Sie werden vom Mitarbeiter des zuständigen Forstamts Kirchheim unter Teck begleitet oder gar überwacht. Auffallend ist die gute Kleidung der Frauen, was den Schluss zulässt, dass es sich um eine quasi offizielle Aufnahme handelt.

Da zeigen sie sich: Mitglieder des Kirchengemeinderats zu Donnstetten auf der Uracher Alb samt ihrem Vorsitzenden, per Selbstauslöser aufgenommen. Vordere Reihe von links Jakob Keppler (Landwirt), Pfarrer Ernst Dreher, Johann Georg Mall (Schultheiß) und Wilhelm Klinger (Landwirt). Hinten die beiden Landwirte Matthias Lang und Jakob Schmid sowie der Posthalter Christoph Kümmel.

»Es ist das Klima zu rauh«

ERNST DREHER

Tolerant und humorvoll soll er gewesen sein, Schülerinnen wie Schüler lernten leicht bei ihm. Als »Pfarrer zu Pferd« war der 1862 im Oberamt Münsingen geborene und 1943 verstorbene Sohn eines Lehrers bekannt – seine Existenz ist noch sichtbar, denn wie jeder Mensch mit Format hinterließ Ernst Dreher eine deutliche Spur. Unser Interesse gilt jener in Donnstetten östlich von Urach und Türkheim über Geislingen an der Steige.

Ernst Dreher stammt aus Ödenwaldstetten. Er hat sechs Geschwister, besucht nach der Blaubeurer Lateinschule zwei evangelische Seminare (Schöntal und Urach), studiert in Tübingen Theologie und erhält 1890 eine erste Pfarrstelle im Dorf Degenfeld. Mehrmals wird die Alb angepeilt, dann endlich weist man ihm Donnstetten zu, wo Dreher ab 1898 zehn Jahre lang tatkräftig arbeitet: Als sein verwitweter Bruder 1900 stirbt und dessen vier Sprösslinge allein sind, nimmt ihr Onkel sie auf. Stets wird Ernst Dreher sich um dieses Quartett kümmern. 1907 will er nach Türkheim wechseln und schreibt an den Oberkirchenrat: »Aus Donnstetten gehe ich nicht gerne fort, aber um meiner Kinder willen. Es ist [dort] das Klima zu rauh …« Stuttgart antwortet positiv.

Bereits in Donnstetten hatte der noch zum Ehrenbürger ernannte Geistliche unter anderem einen Jünglingsverein formiert, das Schulsparen angeregt, ein kirchliches Blatt namens »Heimatklänge« lokal vernetzt und archäologische Grabungen durchgeführt. Dank Dreher wurde dem damals noch kuriosen Schneeschuhlauf gehuldigt; Bauern bekamen Tipps für bessere Ernten, wozu auch moderner Kunstdünger zählte. Wer arm oder krank war, konnte mit besonderer Zuwendung rechnen, was nicht ohne Resonanz blieb: König Wilhelm II. von Württemberg ließ Dreher 1916 das Charlottenkreuz für soziales Engagement zukommen, Kaiser Wilhelm II. zog mit dem »Preußischen Verdienstkreuz für Kriegshilfe« nach.

Donnstetter und Türkheimer Dörfler sahen den Pfarrer oft fotografieren. Seine Plattenkamera wirkte bald vertraut auf sie. Ernst Dreher bildete weitsichtig die Leute der Schwäbischen Alb samt ihrem Umfeld ab, offenbar ahnend, dass das Mahlwerk neuer Entwicklungen immer rascher rotieren und Altes zerstören würde. Es ging ihm also darum, kurz vor ihrem Ende eine Lebensform festzuhalten, deren Dauer bisher wohl nie in Frage gestellt worden war.

»… ist musikalisch, spielt Flöte, Klavier und Orgel und kann den Gemeindegesang begleiten«, verrät Drehers Personalakte. Leider fehlt der naheliegende Begriff *Lichtbildkunst*. Man fand die zwischen 1890 und 1925 entstandene Sammlung ambitionierter Fotos im Pfarrhaus von Donnstetten, jetzt schmückt sie das Ortsmuseum.

Steif stehen die Donnstetter Konfirmanden um 1900 im kahlen Wald. Sie sind festlich gekleidet und warten darauf, dass ihr fotografierender Pfarrer das erlösende Wort »fertig« spricht. Wegen seiner recht hohen Lage sei Donnstetten eines der rauesten Albdörfer, wird rund sieben Jahrzehnte zuvor notiert, »wo der Schnee zu großem Nachtheil der Felder oft bis ins späte Frühjahr liegen bleibt«.

»**Der Ort** hat ein Rathhaus und ein Schulhaus, eine Schildwirthschaft mit einer Brauerey und eine Ziegelhütte, starken Flachsanbau und eine bedeutende Schafweide«, heißt es 1831 über Donnstetten im Oberamt Urach. Nicht zu vergessen die Kinder des Dorfs: Hier sind sie zu siebt aufgereiht, der 1896 geborene Bub (mit Mütze) konnte als Christian Käppler identifiziert werden.

Donnstetten, 1905: Skiläufer am Hohloch. Woher und wie kam dieser Wintersport nach Württemberg? Pfarrer Eduard Gerok aus Essingen nahe Aalen war in Norwegen als Erzieher tätig gewesen, heiratete 1893 und lernte durch seine Frau die »Schneeschuhe« lieben. Geroks Passion nahm dessen Amtskollege Dreher auf … schon war's perfekt! Hier ein Beweis für den guten Kontakt.

Als Ernst Dreher dieses alte Donnstetter Ehepaar mit dessen Enkel fotografierte, hatte der 1839 geborene Bauer Adam Ruß (»von strenger Arbeit fußleidend«) noch rund sechs Jahre zu leben. Er starb 1916, während des Ersten Weltkriegs. Im Hintergrund links erkennt man das Dorf und die durch Baumreihen flankierte »Vizinalstraße« zwischen Donnstetten und Zainingen.

Fünf Teiche, so genannte Hülen, existierten in Donnstetten. Nach und nach wurden sie bis auf einen kleinen Rest trockengelegt. Auf Pfarrer Drehers Bild sehen wir links am Rand das Äußere Backhäusle, daneben den Hof von Gottlob Schmutz (er hatte aus Feldstetten eingeheiratet) und schließlich Christian Hummels »Baurahaus«, das sich im Wasser spiegelt.

»Judeth-Hans« wurde Johannes Weber genannt (viele Leute in Donnstetten und anderswo trugen Beinamen, die auf ihre Herkunft verwiesen). Diesen damals etwa sechzig Jahre alten Wegeknecht, er lebte von 1846 bis 1914, hat Ernst Dreher porträtiert. Weber besserte alle Straßen der Gemeinde aus. Arbeit gab es immer, denn Regen und Frost setzten ihnen Monat für Monat zu.

Gut genährt sind Ross und Familie (der »Hülenbauer« Röscheisen mit seinen Kindern Agathe und Heinrich). Das war nicht immer so. Über das für Donnstetten katastrophale Jahr 1816/17 schrieb Carl Theodor Griesinger vielsagend: »... wurden die Einwohner [...] gänzlich um ihre Ernte betrogen und waren dadurch genöthigt, zu den unnatürlichsten Nahrungsmitteln ihre Zuflucht zu nehmen«.

Aus dem Alltag der Alb waren Boten nicht wegzudenken. Hier naht um 1910 August Herzog aus Aufhausen (Platz einer Poststelle), dessen Einspänner hin- und herfuhr, damit auch Türkheim gut versorgt blieb. Pfarrer Drehers dortige Vituskirche, 1772/73 »hart am Alprand erbaut, ist innen und außen sehr freundlich und gewährt [...] einen malerischen Anblick« – dieser lobende Satz gilt nach wie vor.

Ein Waschtag vor »Jungbauers Haus« in Türkheim, das einst zum Oberamt Geislingen gehörte. Ernst Dreher lichtet um 1920 die Oßwald-Schwestern ab und beweist, dass sie für Sauberkeit sorgen. Dazu wird mit Kernseife fest geschrubbt. Links Katharina, rechts Barbara, zwischen ihnen Angelika Oßwald. Den Vater des tatkräftigen Trios nannte man damals »Lindenbauer«.

Es war während des Sommers 1907, als dem katholischen Geistlichen Paul Neher diese Szene gefiel und er sie aufnahm: Kinder vor der Maria-Hilf-Kapelle bei Hülen, im Hintergrund die Kapfenburg. Abgebildet sind vorn (jeweils von links) Emilie, Anna und Pauline Doser sowie etwas kleiner Anna, Anton und Katharina Maier neben Johannes Maier, Bernhard Berger und Josef Maier.

Offene Haustür, humane Haltung

PAUL NEHER UND EUGEN SCHMID

Katholiken stellen bei unserer Runde fotografierender Pfarrer aus Württemberg eine Minderheit dar. Ihrem ältesten Vertreter wollen wir allein schon aus diesem Grund den Vorrang einräumen. Er hieß Paul Neher, wurde 1876 in Ebnat geboren und als 30-jähriger Priester nach Hülen entsandt, das seit 1973 zur nahen Stadt Lauchheim gehört. Der Name des Dorfs am Nordrand des Härtsfelds geht auf qualitativ eher schlechte Naturseen zurück, die einst unverzichtbar waren, denn die Ostalb ist manchmal sehr trocken. Mensch und Vieh aber brauchen Wasser.

Neher wirkte ganze siebenundzwanzig Jahre lang in Hülen, dem schon 1235 als Hof erwähnten »Huelewe«. 1904, nach dem höchst umstrittenen Kirchenbau, war hier eine Pfarrverweserei eingerichtet worden. Paul Neher half also der Vorteil des »neuen Besens«, welcher bekanntlich gut kehrt – und er blieb gern dort, versorgt durch die eigene Schwester Sophie, bis man ihn 1933 nach Unterkochen rief.

Im Hülener Pfarrhaus wurde aber nicht bloß gebetet, voller Fleiß das Brevier gelesen oder Besuch empfangen. Neher war kein klerikaler Eremit. Er öffnete Türen wie Fenster, schaute immer wieder über den Zaun, lief oft herum und vergaß selten, seine damals noch ungewöhnliche Kamera zu schultern: »Bitte stillhalten! Vielen Dank.« Das Ergebnis seiner Aktivität, mehrere Plattenabzüge, hat Bürgermeister Werner Kowarsch (Lauchheim) archiviert. So ist es auf uns gekommen.

Eugen Schmid, evangelisch, lebte zur gleichen Zeit wie Paul Neher. Seine Biografie ist mit dem Kampf gegen die Nazis verbunden. Prälat Dr. Konrad Hoffmann, ebenfalls konsequent, nannte den späteren Stadtpfarrer eine »charaktervolle, mutige […] Persönlichkeit«. Schmids Vater Christian war Konditor. Sein Sohn studierte Theologie, begann 1910 als Pfarrer in Seißen bei Blaubeuren und wechselte 1924 nach Ulm. Wegen des NS-Widerstands wurde Eugen Schmid verhaftet, zwei Söhne starben 1941 im Krieg. Über das braune Element sagte er: »Gott bewahre uns vor solchen ›Nationalisten‹, die das Beste an der Nation zerstören.«

Der ehemalige Ulmer Schuldekan Eberhard Mayer schreibt zum Thema Schmid, dieser sei während des Erntedankfests 1934 demonstrativ mit einer jüdischen Arztfamilie durch das beflaggte Albdorf Böhringen spaziert, worauf es hinterher »wütende Proteste« gegeben habe: »Schande über dich, du deutscher Christ und Judenknecht!« Eugen Schmid focht das freilich nicht an. Heute ist seine humane Haltung fast vergessen wie auch die Tatsache, dass er gut fotografiert hat. Meist Privates, doch solche Motive lagen dem *Homo familiaris* am Herzen. Genau deshalb bilden wir sie ab.

Hülen, um 1910: Eine Damenpartie mit doppelter männlicher Begleitung. Wer sich nicht so wie dieses Sextett vergnügen konnte, war meist auf harte Arbeit angewiesen. »Die Haupterwerbsmittel der kräftigen, ausdauernden Einwohner sind Feldbau und Taglohnarbeiten, namentlich in den Staatswaldungen«, entnehmen wir der Oberamtsbeschreibung Neresheim von 1872. So blieb es auch später noch.

Sophie, die unverheiratete Schwester des aus Ebnat stammenden Pfarrers Paul Neher, führt ihm den Haushalt. Sie hat vollen Ornat inklusive Sonntagshut angelegt und blickt ein bisschen streng. Oder nur reserviert? Über ihre Qualitäten als Köchin und Wirtschafterin sagt das freilich nichts aus.

Juli 1912: Der Imker Josef Lense lässt sich im Hülener Pfarrgarten fotografieren. Seine Buben (von links) heißen Franz, Paul, Hans und Josef junior. »Die Gegend wird häufig von Frühlingsfrösten heimgesucht und ist heftigen Winden sehr ausgesetzt«, wird vier Jahrzehnte zuvor kritisch vermerkt.

Um 1912 war Pfarrer Neher mit seiner Kamera unterwegs und bildete ein Eselsgespann ab. Das dunkle Gebäude hinten rechts ist die »Alte Post«, eine frühere Reichsposthalterei, später Gasthaus. Es steht in Opposition zur Ortsbeschreibung von 1872, in der es unter anderem heißt: »Die weißgetünchten Häuser sind meist klein und häufig mit Stroh bedacht.« Davon redet heute kein Mensch mehr.

Saitenmusik vor Paul Nehers Pfarrhaus – vermutlich das einst populäre Lauchheimer Trio mit Josef Waitzmann sowie Johann und Anton Hohl (von links). Hülen bekam erst 1904 eine eigene Pfarrverweserei. Die im historistischen Stil erbaute Franziskanerkirche war drei Jahre zuvor geweiht worden.

Der Ort Seißen bei Blaubeuren »liegt hoch und frey über dem Tiefen- und Achthal […] Er besitzt Kirche und Schule, einen begüterten Heiligen, eine Ziegelhütte, zwei Schildwirthschaften und eine Brauerei« (1831). Dort fotografierte Pfarrer Eugen Schmid zu Beginn des Ersten Weltkriegs den Nachbarn Georg Zeh mit Personal. Das kleine Mädchen ist Schmids Tochter Margot.

Ulm, am Fenster der Pfarrerwohnung. Dieses Bild von Eugen Schmids Ehefrau Pauline, geborene Mößner, entstand 1939. Paulines Vater hatte eine Garnhandlung betrieben. Schmid selbst war kurz nach Kriegsbeginn zum Stadtpfarrer der im Dezember 1944 zerstörten Dreifaltigkeitskirche ernannt worden.

Vor dem Gebäude der früheren Königlichen Kreisregierung am Grünen Hof 5 in Ulm, 1941: Pfarrer Schmids gelungener Schnappschuss hat nicht nur seinen Enkel Werner Kärn verewigt. Er zeigt auch, dass es damals noch viele Plätze ohne Verkehr gab, die spielende Kinder nutzen konnten.

Wie die Orgelpfeifen sind sie um 1917 im Seißener Pfarrgarten aufgereiht – Eugen Schmids Kinder Mathilde, Herta und Margot (von links) samt ihren Puppen. Warum wird kaum gelächelt? Wahrscheinlich, weil der Papa darum gebeten hat, stillzuhalten. Damit die Aufnahme nicht verwackelt.

Im Winter 1910 lässt es sich gut auf einer Unterlage über den harten Schnee rutschen, wenn auch das Gefälle nicht ideal ist. Aber frei vom Autoverkehr! Pfarrer Otto Paret beobachtet diesen Spaß mit der Kamera und fotografiert bei Heutingsheim seine vier Kinder Oscar, Hildegard, Walter und Gerhard (von links). War die Schlittenpartie extra für ihn veranstaltet worden? Wahrscheinlich.

Die Vielfalt trug Früchte

OTTO PARET

Der Name des Pfarrers klingt gut, denn seiner Familie entstammt mit dem Sohn Oscar ein über Württemberg hinaus geschätzter Archäologe. Dieser respektvoll als »Scherben-Paret« bezeichnete Heimatforscher wuchs im Pfarrhaus zu Heutingsheim heran (jetzt Teil von Freiberg am Neckar), wo Otto Paret seit 1892 lebte. Zwar gab es bald Zwist mit dem Schultheiß, doch eine Versetzung auf eigenen Wunsch wurde seitens des königlichen Konsistoriums abgelehnt, und so blieb Oscars Vater bis zum Ruhestand anno 1929 dort. Er habe »von allen […] hier tätig gewesenen Seelsorgern sein schwieriges Amt am längsten ausgeübt«, stellt der Paret-Kenner Heinz Schubert fest.

Otto Paret, wie auch sein jüngerer Bruder Wilhelm, von dem noch zu reden ist, war ein Praktiker, dessen Talent staunen ließ. Spendete Ottos Ehefrau Edine Beifall? Wer weiß. 1860 im Städtchen Möckmühl an der Jagst geboren, interessierte ihr theologisch streitbarer und musikalisch versierter Mann sich stark für das Handwerk. Uhrmacher, Restaurator, Schreiner, Orgelspezialist, Konstrukteur, Inhaber mehrerer Patente – die Vielfalt wuchs Jahr um Jahr und trug Früchte. Acht Personen konnten bei den Parets unter knapp dreißig Musikinstrumenten wählen: Rekord.

Damit genug? Keinesfalls. Am Musensitz Heutingsheim, im Schatten der alten Kirche Sankt Simon und Judas, wurden selbst entwickelte Flugobjekte erprobt. Heinz Schubert: »Wer so etwas tat, fiel zu jener Zeit unangenehm auf; denn er verführte nicht nur die eigenen Söhne und Töchter, sondern auch anderer Leute Kinder zu physikalischem Denken und empirischem Vorgehen, was einer konservativen Obrigkeit schon immer verdächtig war.« Doch bei Vater Otto, schreibt Oscar Paret rückblickend, kam die Gemeinde trotz aller Faibles »nie zu kurz«.

Wo Werk nach Werk Fuß fasst, liegt es nah, sich ernsthaft der Fotografie zu widmen. Onkel Wilhelm aus Wittendorf hatte bereits in genialer Art große Pflöcke eingeschlagen, sein älterer Bruder arbeitete parallel und lichtete das Heutingsheimer Milieu ab. Oft entstanden familiäre Arrangements (per Fernauslöser), aber auch Oscars erste Ausgrabungen – etwa jene des römischen Gutshofs von Hoheneck bei Ludwigsburg – wurden dokumentiert. Paret junior hatte schon als 14-jähriger Bub einen Altertumsverein gegründet. Was dem Papa zeigte, dass der Filius kein Träumer war. Voller Wissensdrang stieß er zur regionalen Antike vor und deckte Neues auf.

Leider ist Wilhelm Paret hier als Fotograf nur mit zwei jungen Musikanten präsent. Ein Sammler sitzt auf anderen Stücken und gibt sie nur her, wenn sehr gut bezahlt wird: Geld lenkt die Welt. Nicht so in Sachen Otto …

Westlich von Heutingsheim, April 1910: Die alte »Haubruck« als romantisches Motiv. Man glaubt das Glucksen des Bächleins zu hören und ahnt bereits, dass es stillgelegt ist. Spätestens 1939/40, mit dem Bau der Reichsautobahn Leonberg–Weinsberg (»Strecke 39«), hatte dieses kleine Idyll keine Chance mehr und musste weichen. Otto Paret dürfte dies noch erfahren haben.

28. Dezember 1912: Kartenspiel im Heutingsheimer Pfarrhaus. Von links Walter, Oscar, Gerhard und Hildegard Paret. Otto Parets Vorfahren waren Hugenotten, die nach der Aufhebung des Duldungsedikts von Nantes (1685) wegen ihres Glaubens verfolgt wurden und aus Frankreich flüchteten. Angeblich sind sechs bis sieben Paret-Generationen protestantische Pfarrer gewesen.

Im Heutingsheimer Pfarrgarten, Mai 1913: Oscar Paret (mit Material auf dem Schoß) hält einen Vortrag über seine Tour durch Südfrankreich. Aufgenommen wurde diese Szene wohl per Selbstauslöser. Von links Pfarrer Otto Paret, Tochter Gertrud, Mutter Edine, geborene Wolff, Sohn Oscar und Ottos Schwester Julie Paret. Man sieht, dass das familiäre Auditorium konzentriert lauscht.

Was entspannt wirkt, hat einen ernsten Hintergrund. Er kann den drei jungen Männern noch nicht bewusst sein. Abgebildet sind von links die Paret-Söhne Gerhard, Oscar und Walter. Sie vespern im Oktober 1913 beim Schlösschen Monrepos unweit von Ludwigsburg. Gerhard Paret wird ein knappes Jahr später als Soldat an der Westfront sterben. Hier ist er dreiundzwanzig Jahre alt.

Vor dem Pfarrhaus in Wittendorf nahe Freudenstadt, Juni 1914. Zwei Vettern musizieren: Gerhard Paret (Heutingsheim) mit einer Bassgitarre, Alfred Paret (Wittendorf) als Violonist. Die Gitarre hatte Pfarrer Otto Paret sich patentieren lassen, das schöne Bild dürfte von seinem jüngeren Bruder Wilhelm stammen.

Korb für Korb ein Apfelsegen! Auf der Hofwiese beim Unterregenbacher Pfarrhaus steht im Herbst 1910 ganz rechts die damalige Haushälterin des seit sechs Jahren verwitweten Heinrich Mürdel (seine Frau Emma, geborene Münster, starb als 28-Jährige). Neben ihr Mürdels Schwester Maria und drei Unbekannte. Links außen, im schwarzen Kleid, das Patenkind Dora-Maria Rösler.

Arbeiten muss man

HEINRICH MÜRDEL

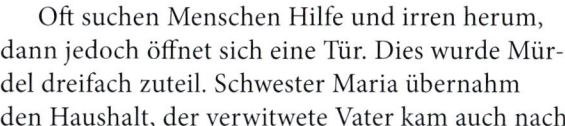

»Wie oft bin ich am Anfang zum Friedhof hinaufgepilgert, und wie spürte ich die Teilnahme meiner Kollegen, die mich unvermittelt besuchten …« Solche Worte wählt Heinrich Mürdel als Greis. Er litt unter dem frühen Tod seiner jungen Frau, sie starb im Sommer 1904 an Tuberkulose nach nur vier Jahren Ehe. Nun war das Pfarrhaus von Unterregenbach bei Langenburg in Hohenlohe leer. Welchen Sinn hat jetzt noch mein Leben, dachte Heinrich. Was tun ohne Emma?

Knapp zwei Wochen zuvor hatte Mürdel die Mutter verloren, beide Schläge trafen ihn schwer. Doch der 1870 als Sohn des Pfarrers Christoph Mürdel in Erpfingen (Reutlinger Alb) geborene Schwabe gab nicht auf. Arbeiten muss man, ein treuer Seelsorger sein und bleiben: So wird jeder Schmerz halbwegs erträglich.

»Die Meldung nach Unterregenbach war meine erste und ist die einzige meines Lebens geblieben, ohne daß ich das damals geahnt und gewollt hätte«, bekennt Heinrich Mürdel retrospektiv. Vier Jahrzehnte lang hat er dort amtiert, von 1900 bis 1940. Erst im Alter von siebzig Jahren erlaubte man ihm – oder er sich selbst – ein Ruheständler zu werden. Seither war viel Wasser in Richtung Neckar geströmt, denn das Dorf liegt an der Jagst. Was aber geschah vorher?

Oft suchen Menschen Hilfe und irren herum, dann jedoch öffnet sich eine Tür. Dies wurde Mürdel dreifach zuteil. Schwester Maria übernahm den Haushalt, der verwitwete Vater kam auch nach Unterregenbach, die siebenjährige Patentochter Dora Rösler folgte »aus Usambara (Ostafrika), nachdem sie am Anfang noch ganz ihr afrikanisches Gelächter und ihre Abhärtung fürs Barfußlaufen [mit]gebracht hatte«. Unser Chronist pries daraufhin sein Schicksal. Denn nicht selten zielt es ins Schwarze.

Solche Erkenntnis trifft, etwas abgewandelt, auf Heinrich Mürdel zu. 1903 durch Emmas Stiefvater mit einer billigen Kamera beschenkt, tauschte der Schwiegersohn sie später gegen das Modell Donata von Zeiss Ikon. Dieser moderne Apparat verfügte über Tessar-Linsen, garantierte also Besseres und fand »viel Verwendung«. Wohl wahr! Mürdels Fotos sind Zeitzeugnisse, die Empathie zeigen. Wann immer möglich, war er dabei: Apfelernte im herbstlichen Garten, zwei Frauen und Dora samt Springerles-Blech kurz vor Weihnachten, kühne Handwerker auf dem Turm von Sankt Veit – sogar örtliche »Kriegerfamilien« porträtierte Heinrich Mürdel, worauf solche Bilder als Gruß zur Front geschickt wurden.

»Er zog seine Straße fröhlich«, rief der Pfarrer 1928 dem toten Vater nach (Apostelgeschichte 8, Vers 39). Mürdel selbst hat nochmals geheiratet, mit Elfriede Diez aus Konstanz vier Kinder bekommen und ist 1959 sehr alt verstorben.

Bald kann gefeiert werden: Vor dem Pfarrhaus werden 1912 zwei Bleche mit »Springerle« und ein Kuchen präsentiert, denn es geht in Richtung Weihnachten. Auch Heinrich Mürdel isst alles gern, seine Patentochter (ein Kind des Missionars Nathanael Rösler) hat wahrscheinlich mitgebacken.

1914 wird in Unterregenbach das Dach der alten Veitskirche neu gedeckt, was Pfarrer Mürdel als Fotograf dokumentieren muss. Er schreibt rückblickend: »Unser Kirchenweihungstag war der erste Mobilmachungstag des Weltkrieges, dessen vierjährige Dauer damals niemand vorauszusagen wagte.«

Bei Unterregenbach, 1911: Notsteg über die Jagst – eine schwere Dampfmaschine wird transportiert. Von wo nach wohin? Wir wissen es leider nicht. Pfarrer Heinrich Mürdel jedenfalls hält als lokaler Chronist das Geschehen sofort im Bild fest. Seine Arbeit mit der Plattenkamera ist wohl ebenso ungewöhnlich wie das, was starke Männer an einem trüben Tag hinter sich bringen.

Die Restaurierung von Sankt Veit – nach einer früheren Aktion im 18. Jahrhundert – leitete Eduard Brill, Rektor der Kreisbau- und Handwerkerschule Kaiserslautern (hier Leute des örtlichen Teams). 1847 heißt es zum Thema Unterregenbach: »Zehentherr ist […] ausschließlich der [benachbarte] Fürst zu Hohenlohe-Langenburg, der auch die Pfarr- und Schulstelle zu besetzen hat.«

1930 wird eine neue Glocke am Turm der Veitskirche aufgezogen, gegossen bei Alfred und Karl Bachert in Kochendorf bei Neckarsulm. Dieser Betrieb hat bis heute überlebt. Die Unterregenbacher Kirche zählt laut Oberamtsbeschreibung von 1847 »zu den älteren des Bezirks« Gerabronn.

Damit die Soldaten an der Kriegsfront kein Heimweh haben, schickt man ihnen ein Bild ihrer Familie »ins Feld« – aufgenommen von Pfarrer Mürdel. 1917 fotografiert er drei Generationen: Großeltern, Mutter und Kinder mit herzlichen Grüßen an den fernen Papa. Alle hoffen, dass er bald wiederkommt.

Ein seltener Vorgang, um 1908 festgehalten: Die Dächer der Albdörfer wurden damals nicht mehr oft mit Stroh gedeckt. Pfarrer Haußmann hat dies bemerkt – wie auch das Mädchen mit Kopftuch links. Es ist müde und ruht sich aus: im Juli oder August, an einem warmen Sommertag …

Die Hetze als Greuel

ERNST HAUSSMANN

Donnstetten (seit 1975 Teilort von Römerstein) ist das neben Westerheim höchste Dorf der Vorderen Alb. Dort trat, als neuer Pfarrer für Sankt Georg und Nachfolger des angesehenen Ernst Dreher, acht Jahre nach dem Jahrhundertwechsel ein gewisser Ernst Haußmann an. Dreher war 1907 wegen seiner Verdienste zum Ehrenbürger ernannt worden, weshalb auf Haußmann ein schweres Erbe zu warten schien. Doch es wog leicht.

Roßwag bei Vaihingen an der Enz, Rotenberg und Wildenstein im äußersten Osten Württembergs: Drei klerikale Kapitel lagen schon hinter dem damals 30-jährigen Heidenheimer. Ein Jahr später wurde geheiratet. Elisabeth Süskind hieß die junge Ehefrau, sie war eine Nichte des »Höhlenpfarrers« Karl Gußmann aus Gutenberg und brachte fünf Kinder zur Welt. Das Ernstle, wie ihr Mann daheim genannt worden war – dieser Name blieb auch während des Studiums in Tübingen aktuell – hatte lyrisches Potenzial. 1938 an Neujahr hielt er vor seiner letzten Gemeinde den Sermon in Versen, was eine Bäuerin fabelhaft fand: »Ma hätt grad moina kenna, die Predigt wär a Gedicht.«

Ernst Haußmanns Hang zur Fotografie war kein Geheimnis. Sie spiegelt jenen Charakter, den der Schwager Ernst Rheinwald so beschreibt: »Er ging still und ruhig seines Weges und ließ sich von keiner Seite […] von dem ihm gemäßen Ziel oder Tempo abbringen. Die Hetze unserer Zeit in Amt und Alltag war ihm ein Greuel, und er hat ihrem suggestiven Sog mit Erfolg widerstanden.«

Trotz schwacher Augen gelingt es Haußmann dank sehr starker Brille, das Typische im Dorf einzufangen. Donnstetten, Zell unter Aichelberg und Sülzbach bei Weinsberg sind seine Reviere. Der Spur durch gut zwei Jahrzehnte folgend betrachten wir das private Geschichtsbuch des Pfarrers: Da endet die Postkutschen-Ära um 1914 und wird per *Klick* verewigt, da werden Strohdächer frisch gedeckt (wie lange noch?) oder hübsche Jungfern posieren im Schnee an König Wilhelms Geburtstag. Da wirkt es wie Wetterleuchten, wenn nach Hitlers Sieg zwar noch demonstrativ das Schwarz-Weiß-Rot vor dem Sülzbacher Domizil hängt, andererseits aber Haußmanns Söhne bereits ihre braune Kluft präsentieren.

War Ernst Haußmann ein Nazi? Nein. Er wählte konservativ und hielt (je länger, desto lieber) Distanz zum »Tausendjährigen Reich«. Dem weichen Gemüt entsprach kein schroffer Ton. Hören wir als Beweis, wie die etwas schwache Note des Oberkirchenrats beim Examen ironisiert wird: »Wanderer, stehe still. O weh, / Hier ruht ein Pfarrer mit II b. / Doch war er manchmal nicht so dumm, / Wie meint das Konsistorium. / Gott wolle ihm einst gnädig sein / Und auferwecken sein Gebein, / Auch droben ihm II a verleihn!«

Donnstetten im früheren Oberamt Urach hat »die fatalste Lage«, teilt Jeremias Höslin 1798 in seiner äußerst lesenswerten »Beschreibung der Wirtembergischen Alp« mit. Viel Schnee und kalter Wind sind dort häufig, weshalb »Saamen fast in jedem Frühling ersticken«. Pfarrer Ernst Haußmann fotografiert um 1910 das Haus des Schäfers Georg Dangel am Kirchplatz – eine Bäuerin trägt auf dem Kopf Wasser zum Hof.

Zum Geburtstag des letzten württembergischen Königs (Wilhelm II. kam am 25. Februar 1848 zur Welt) haben sich Donnstetter Mädchen aufgestellt. Sie gehören dem Jahrgang 1895/96 an. Über Wilhelm, einen liberalen Herrn, kursieren zahllose Anekdoten. Er war wegen seiner Volksnähe sehr beliebt, dankte 1918 ab und starb schon drei Jahre später als Exilant im Schloss Bebenhausen bei Tübingen.

Blick auf Donnstetten, um 1910. Rechts der Fels »Hasenhäusle«, unten die Bettelhüle vor dem weißen Bettel- oder Armenhaus. Sein letzter Bewohner Jakob Bächtle, alias »Bock-Jockel«, starb am 19. Januar 1940. Rechts gegenüber Johann Georg Malls Haus. Er arbeitete als Bote (»Bott«) und besaß ein Fuhrwerk. Über die von Pfarrer Haußmann fotografierten Buben wissen wir nichts.

Die letzte Postkutsche durchfährt um 1914 das Dorf – und Ernst Haußmann ist dabei. Hinter dem Pfarrhaus erkennt man den Turm seiner Georgskirche. Der reguläre Verkehr mit Pferden wurde bis zum Ersten Weltkrieg von Urach und Oberlenningen nach Laichingen oder Wiesensteig betrieben.

Die Pfarrerskinder Siegfried und Brigitte kühlen sich 1914 ab. Nicht nur die Sonne lacht, sondern offenbar auch Ernst Haußmanns Ehefrau Elisabeth (geborene Süskind), deren Blick das Duo erwidert. Siegfried wurde später ebenfalls Geistlicher, seine Spur als Soldat verlor sich 1944 im Zweiten Weltkrieg.

Zell unter Aichelberg bei Kirchheim unter Teck am Albtrauf, 1921: Drei von fünf Sprösslingen der Familie Haußmann feiern stolz den »Sedanstag« (er soll an die französische Kapitulation im Krieg 1870/71 erinnern). Hinten von links Rupprecht und Siegfried, vorn Irmgard und Brigitte mit ihrem jüngsten Bruder Sixt.

Noch ein Tässchen? Kaffeetisch im Hof des Pfarrhauses von Sülzbach bei Weinsberg, 1930. Links halb verdeckt Ernst Haußmann, mit Schlips sein Sohn Siegfried. Schwester Brigitte schenkt nach, Bruder Rupprecht hat fotografiert. Er entschied sich als Erwachsener für den Diakonsberuf.

Lernen, dass der Kopf raucht – spürbar kein reiner Genuss. Im Sülzbacher Pfarrgarten haben sich Rupprecht, Irmgard und Siegfried Haußmann (von links) am Tisch versammelt. Sie büffeln Vokabeln oder Physik, denn das Abitur nähert sich dem ältesten Sohn unaufhaltsam.

»Große Zeit«, nationalistische Hybris im Wendejahr 1933. Beidem erlag auch so mancher kirchlich geprägte Sinnsucher. Hier sind es, am Zaun des Sülzbacher Pfarrhauses, die Brüder Rupprecht (links) und Sixt Haußmann in Uniformen der Hitlerjugend. Ihr Vater Ernst lichtet den neuen Stil ab.

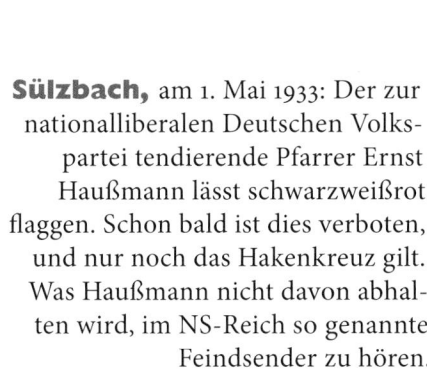

Sülzbach, am 1. Mai 1933: Der zur nationalliberalen Deutschen Volkspartei tendierende Pfarrer Ernst Haußmann lässt schwarzweißrot flaggen. Schon bald ist dies verboten, und nur noch das Hakenkreuz gilt. Was Haußmann nicht davon abhalten wird, im NS-Reich so genannte Feindsender zu hören.

Familienbild durch Selbstauslöser in der »Guten Stube« anno 1911: Pfarrer Loschs Ehefrau Karoline alias Karla, geborene Kazmaier, feiert Geburtstag. Von links Dr. Friedrich Losch, sein Sohn Hermann, Tochter Sophie, Karla und Tochter Berta. Man merkt, dass eine regelrechte Szene arrangiert worden ist. Darauf deutet nicht zuletzt das ausgeprägt starr lesende Elternpaar hin.

Zwei Weltkriege, so oder so

FRIEDRICH LOSCH UND GUSTAV HOFFMANN

Der in Murrhardt geborene neue Geistliche Friedrich Losch kam 1903 kurz vor Mittsommer von Hausen an der Zaber nach Grimmelfingen bei Ulm. Er hatte Biologie, Geologie sowie Mythologie studiert, seine Doktorarbeit »maxima cum laude« abgeschlossen und kannte bereits die Region. Dort war Losch 1883/84 Vikar gewesen – ein erregender Abschnitt für ihn: Mit dem Oberförster Ludwig Bürger wurde damals die Bocksteinhöhle bei Öllingen ausgegraben, das stille Lonetal sollte später wegen seiner rund 32 000 Jahre alten Tierfiguren aus Elfenbein weltberühmt werden.

War Dr. Friedrich Losch in Grimmelfingen populär? Davon gehen wir aus, denn sein Name ist unvergessen. Dieses Dorf am Albrand bot ihm außer kirchlichen Regularien und Kontakt zur Bevölkerung eine ideale Chance, sich noch intensiver seiner schwäbischen Heimat zu widmen. So blühte bald das »Kräuterbuch – Unsere Heilpflanzen in Wort und Bild«, aber auch Kulturelles trieb Knospen: Losch empfing 1904 den Warmbronner Autor Christian Wagner, sah gern Künstler oder Honoratioren um sich, deren Urteil er schätzte, und sammelte alles, was Grimmelfingens Geschichte hergab.

Kein Zufall, dass dieser vielseitige Mann auch eine Kamera gekauft und sie souverän bedient hat. Etliche Bilder sind erhalten, weshalb man wie durch ein Schlüsselloch den weit entfernten Alltag wahrnehmen darf. Dazu gehört, was weder Platte noch Film berichten: Dr. Losch lief regelmäßig zur nahen »Landesarmenanstalt« Oberer Riedhof. Unterwegs wartete oft ein Rabe mit Spaß am Reden auf ihn. Das kluge Tier krächzte laut, Losch verstand und gab Antwort. Wer das für Schwindel hält, ist selbst schuld.

Friedrich Losch lebte nach der Pensionierung bis zu seinem Tod 1936 in Ulm. Auf ihn, der deutschnational ausgerichtet war, geht auch eine als Tagebuch geführte Kriegschronik zurück. An den Pfarrer von Sankt Jakobus erinnert seit 1951 der Loschweg.

Gustav Hoffmanns Biografie wurde ebenfalls vom »Vater aller Dinge« begleitet: Sämtliche vier Söhne fielen dem Zweiten Weltkrieg zum Opfer, der Jüngste starb erst kurz vor Schluss im Kampf um Berlin. Hoffmann stammte aus Leukershausen und war Pfarrer in Geifertshofen bei Gaildorf sowie Löchgau am Stromberg. Nur eine Facette seines fotografischen Schaffens ist hier zu sehen – sie zeigt desto berührender die junge Ehefrau Selma samt Nachwuchs mit sprechenden Mienen. Was dachte das Trio, als Hoffmann es 1916 aufnahm? Wie stand er zur »Herrlichen Zeit« des preußischen Kaisers? Wir können ihn nicht mehr fragen.

Um 1912 erfolgt im Grimmelfinger Pfarrhaus, während diverser Manövertage, die Einquartierung kaiserlichen Militärs: Soldaten haben eine Sanitätsstelle eingerichtet. Man sieht rechts den Herrn Stabsarzt und am Tisch seinen Schreiber samt Assistent sowie vorn drei Gehilfen. Dass aus diesem Training zwei Jahre später bitterer Ernst werden sollte, hat damals wohl niemand geglaubt.

Schon stecken wir mitten im Ersten Weltkrieg, wenn auch an der so genannten Heimatfront: 1915 fotografiert Pfarrer Losch gefangene Franzosen alias *Poilus*, die unter strenger Bewachung beim Schaufeln und Planieren eingesetzt sind (Bergstraße in Grimmelfingen). Man darf hoffen, dass sie – obwohl »Erbfeinde« – fair behandelt worden sind.

Genau ein Jahr später fotografiert Pfarrer Gustav Hoffmann in Geifertshofen bei Gaildorf seine Ehefrau Selma, geborene Leitz, mit ihren beiden Buben Gebhard (links) und Friedrich. Sie brachte zwischen 1908 und 1920 zehn Kinder zur Welt, von denen jedoch zwei schon früh starben.

Unter den Pfarrerfotografen im alten Württemberg hatte Ludwig Helbling besonders viel Talent. Ihn zeichnete ein scharfer Blick aus, zugleich kannte er die bäuerliche Welt aus eigenem Erleben. Hier füttert eine Bäuerin in Würzbach (Oberamt Calw) ihre Hühner – man glaubt fast das Gegacker zu hören.

Ein wacher Beobachter

LUDWIG HELBLING

Es kommt selten vor, dass Pfarrer von der Kanzel weg abberufen werden. Exakt dies widerfuhr Ludwig Helbling im Sommer 1945. Während seiner Predigt wurde er vom Schlag getroffen und starb. Am 12. August verlor die Gemeinde ihren Guten Hirten – eine Zäsur. Helbling hatte seit 1923 in Ostelsheim und zuvor neun Jahre lang in Würzbach (Oberamt Calw) amtiert. Schon das erste Dorf war für ihn, den wachen Beobachter des Alltags, lohnend gewesen. Denn jedes Genre geriet schnell zum Stoff. Statt Papier und Pinsel half ihm ein moderner Apparat dabei, Untergehendes festzuhalten. Kurz: Ludwig Helbling arbeitete als Dokumentarist.

Nichts entging dem fotografierenden Mann. Er sah Württembergs Bauern durch den Sucher und wollte sie verewigen. Niemand weiß, ob der gebürtige Stuttgarter planvoll vorging oder anfangs nur Impressionen sammelte, um dann per Kamera nachzuhaken. Sein eigenes Porträt deutet Energie an, ein Hauch von Eitelkeit formt Helblings Züge. Im Kontrast dazu steht die Mitteilung seines Enkels. Dr. Rüdiger Stöckmann erinnert sich schwach des freundlichen Großvaters: durch die Apoplexie schwer gezeichnet und kaum mehr zu klaren Worten fähig.

Der Augenzeuge aus Würzbach und Ostelsheim ist in unserer regionalen Revue prominent vertreten. Er war vom Landesamt für Denkmalpflege als ehrenamtlicher Bildlieferant für »Aufnahmen aus Bauernstuben oder aus dem dörflichen Volks- und Arbeitsleben« verpflichtet worden. Dessen Volkstums-Spezialist August Lämmle bestellte 1937 bei Pfarrer Helbling diverse Fotos, welche die Schafschur würdigen sollten. Nun wurde es eng. Technischer Fortschritt? Kein Thema. Ludwig Helbling ans NSDAP-Mitglied Lämmle: Zum Glück habe der »hiesige Schäfer« doch noch ein paar traditionelle Schererinnen finden »und auf das elektrische Scheren pfeifen können. Ich habe denn auch pflichtschuldig einige Aufnahmen gemacht.«

Herr Lämmle war hell begeistert. Helblings Bilder, lobte er, zählten »zum Besten und Ehrlichsten, was wir an Photographien haben. Mit vielen guten Wünschen und Heil Hitler …« Nun aus dem Kontext zu schließen, Ludwig Helbling sei ein strammer Nazi gewesen, dürfte falsch sein. Aber das etwas ironisch klingende Adjektiv »pflichtschuldig« zeigt schon, auf welche Weise man im Zusammenhang mit einer angetragenen oder gar selbst gewählten Pflicht schuldig werden kann.

Postskriptum: Menschen bewegen sich oft ohne Argwohn in schlechter Gesellschaft und sind hinterher schlauer. Auch wenn Letzteres eher rar ist. Pfarrer Helbling, einem kreativen Kopf voller Feinsinn, war dies wahrscheinlich nicht mehr vergönnt. Er überlebte den Nazistaat nur um drei Monate.

Es mag sein, dass diese Würzbacher Frau ihre Tracht nur Pfarrer Helbling zuliebe angelegt hat. Vor 1923 sitzt sie gelassen am Ofen, dessen gusseiserne Front- und Seitenplatten rund zweihundert Jahre alt sind. Das Gebetbuch deutet auf Helblings Regie – gleichwohl ein schönes Motiv.

Manche Aufnahmen zeigen Kontinuität. Etwa dann, wenn der Fotografierende mehrmals dieselbe Sicht nutzt. Wie hier aus einem Fenster des Pfarrhauses in Ostelsheim. Ludwig Helbling beobachtet um 1925 seinen Nachbarn beim Holzhacken – siehe das letzte, vergleichbare Bild dieses Kapitels.

Beim Hopfenzupfen, Ostelsheim um 1930. Siebzig Jahre zuvor wurde festgestellt, was auch später noch zutraf: »Die […] ziemlich wohlgewachsenen Einwohner verbinden mit vielem Fleiß eine große Sparsamkeit und finden ihren Haupterwerb in Feldbau und Viehzucht; viele suchen sich in dem nahe gelegenen Weil der Stadt durch Taglohnarbeiten ihr Auskommen zu sichern.«

Robert Gehring (»Bürgerrobert«) bringt im Heidental die Gülle aus. Das geschieht mit Schwung. Der Name Gehring hat in Ostelsheim einen vertrauten Klang. So war, als Nachfolger des Schultheißen Max Papa, während Pfarrer Helblings langjährigem Wirken auch ein gewisser Otto Gehring Bürgermeister des Dorfs. Er trat seinen Posten 1936 an und gab ihn 1945 ab.

Ricke, Frau des Schäfers Jakob Widmann, trägt Wasser zum Stall. Gemeindeschäfer hatten einst außer ihrem Pulk auch die Herde der Dörfler zu hüten. 1811 heißt es in Ostelsheim streng, jener Mann solle niemandem »an Früchten oder Äcker und Klee Schaden […] machen, bei Abschaffung seines Dienstes«.

LUDWIG HELBLING

Ostelsheim, 1935/36. »Körperertüchtigung« hat Konjunktur – zur Nazizeit ohnehin. Wenn Petrus will, kann das Schulturnen vor der evangelischen Kirche stattfinden, denn frische Luft härtet ab. Auch die Mädchen sind stark vertreten. Lehrer Fischer (am Treppenaufgang im weißen Dienstmantel) kommandiert: »Arme hoch! Streckt euch! Und noch einmal …«

Jetzt aber! Irmgard und Erne Braun laufen zum Ostelsheimer Backhaus. Auch die kleine Schwester trägt ihr »Küchle« als selbst belegte Variation. Zum passenden Thema Mehl: 1860 gab es in Ostelsheim »am westlichen Ende des Orts eine Mühle mit zwei Mahlgängen und einem Gerbgang [sowie] ⅛ Stunde unterhalb des Dorfs eine Mühle mit einem Gang und einer Hanfreibe«.

Spätsommer 1936: Else, Tochter des Bauern Wilhelm Sixt, kaut an einem Apfel – das Garbenbinden macht hungrig. Um sie herum sieht man den schon geschnittenen Hafer, der bald (als so genannte Puppen aufgestellt) trocknen soll und dann zur Scheune transportiert wird. Dinkel war früher rund um Ostelsheim die häufigste Frucht. Es folgten Hafer, Gerste und Einkorn.

Bei der Kartoffelernte werden gute Knollen vom Korb in den Sack geleert. Emilie und Liesel Fenchel, verheiratete Groß, sind aktiv. »Die Landwirthschaft«, schrieb man 1860 über Ostelsheim, »wird mit allgemeiner Anwendung von verbesserten Ackergeräthen (Suppinger Pflug, Walze etc.) umsichtig betrieben und den Feldern durch fleißige Düngung […] kräftig nachgeholfen.«

Im Frühling 1938 erneuert der Zimmermann Jakob Sauter den Zaun des Ostelsheimer Pfarrgartens. Es versteht sich von selbst, dass Ludwig Helbling diese Arbeit nutzt, um sie optisch zu sichern. Hinterher wird vermerkt, wer auf dem Agfacolor-Diafilm abgebildet ist. Denn alles soll seine Ordnung haben.

Ein trauriger Tag für Pfarrer Helblings Gemeinde: Am 27. Januar 1942 wird die 1813 gegossene große Kirchenglocke entfernt und hinterher eingeschmolzen. »Pflugscharen zu Schwertern« könnte in diesem Fall das abgewandelte Motto lauten. Ostelsheim hatte drei Glocken – zwei von ihnen stammten aus der Werkstatt von Heinrich Kurz in Stuttgart, alle fielen dem Zweiten Weltkrieg zum Opfer.

Auch Rathausglöckchen bleiben nicht verschont. Was entsteht daraus: ein Panzer, eine Lafette, Granaten? Kann so der unentwegt proklamierte Endsieg deutscher Truppen über den Feind errungen werden? Amtsbote Gottlob Sautter präsentiert hier das wichtige Stück nicht ohne Wehmut zum Abschied.

Ludwig Helbling schaut aus dem Fenster des Amtszimmers. Aha … ein kleiner Spaziergang durch Ostelsheim Ende März. Klick, schon ist er festgehalten. Hintergrund: »Das ahnsehnliche, im Jahr 1855 erneuerte Pfarrhaus liegt angenehm und frei in der Nähe der Kirche und bildet mit seinen Nebengebäuden, Hofraum und zwei Gärtchen einen wohlgeschlossenen Pfarrhof.« (1860)

Vor dem Kloster Beuron: Der für die Novizen verantwortliche »Pater Magister« verkündet Neues aus aller Welt. Für gut dreihundert Mönche waren einst nur drei Exemplare einer Zeitung abonniert. Rechts hinten (lächelnd, mit Brille) sehen wir den späteren Pater Hariolf Ettensperger.

Beten und Fotografieren

DIE BENEDIKTINER VON BEURON

Als Johannes Berchmans Drouvé 1922 ins Kloster Beuron eintritt, um drei Jahre später das Ordensgelübde abzulegen, weiß er wenig vom weiteren Weg. Der junge Rheinländer wird seinem erlernten Beruf nicht untreu werden (Drouvé hat eine Fotografenlehre hinter sich und kennt sich gut aus). Doch was im Zusammenhang damit geschieht, ist noch ungewiss.

Widmen wir uns dem 1904 in Koblenz geborenen Mann: Jan Berchmans leiht ihm den Namen. Dieser belgische Jesuit und Patron katholischer Studenten wurde 1888 heiliggesprochen – Ansporn für fromme Jünger. Warum aber wählt Johannes jenes Milieu, dessen Prinzip *Ora et labora* heißt? »Bet und schaff«, sagt auch der Benediktiner Severin Kiefer; die uralte Devise verbindet Geist und Leib. Drouvés Onkel war Schüler einer »kunstgemäßen Portraitphotographie« gewesen und sitzt nun im Raum des ersten Kloster-Lichtbildners Martin Huber (1847–1904). Viel lieber möchte er malen.

Kiefer also ruft seinen Neffen nach Beuron. Dort, an der Oberen Donau, ist die Fotowerkstatt entstaubt worden. Es galt damals »zeitgemäßere Arbeitsweisen einzuführen«, meldet Bruder Severins Sterbechronik, wovon Johannes Berchmans Drouvé profitiert. Zwar muss er das Federvieh füttern und im Refektorium präsent sein, gleichwohl baut Severin ihn zum Nachfolger auf. Bruder Johannes leitet bald den fotografischen Sektor des seit 1892 bestehenden Beuroner Kunstverlags und legt 1937 in Weimar die Meisterprüfung ab.

Berchmans Drouvé war begabt. Sein Blick zielte über die Grenzen der Erzabtei hinaus, wenn auch das tägliche Tun (Kochen, Backen, Schlachten, Schlossern, Fischen, Ernten oder eine Lesung vor Novizen, ein zum Friedhof getragener Sarg) im Mittelpunkt stand. Der zweifellos durch Confratres unterstützte Mönch arbeitete sehr professionell, große Glasplatten zählten zur Technik, ein solides Labor ohnehin. Es darf vermutet werden, dass fast alle hier wiedergegebenen Bilder aus Berchmans' Zeit stammen. Wenn nicht, kam Severin Kiefer ins Spiel und erfreut jetzt sein Publikum.

Die große Fotosammlung des Klosters an der Oberen Donau besteht fast nur aus Glasnegativen (Bromsilbergelatine-Trockenplatten) im Format 6 x 8 bis 30 x 40 Zentimeter. Sie dokumentiert zum nicht geringen Teil den mönchischen Alltag. Alle Aufnahmen dieses Kapitels entstanden vermutlich zwischen 1920 und 1935.

Welche anderen Spuren ließ Johannes Berchmans Drouvé zurück? Sie sind marginal. Er wurde zu Beginn des Zweiten Weltkriegs Soldat, arbeitete als Bataillonsfotograf sowie Filmvorführer und sah nach dem »Zusammenbruch«, dass Beuron für einen hauptamtlich Tätigen keine Verwendung mehr hatte. Beim Kunstverlag wechselte man zur Farbfotografie, deren Vorteil bestritt kein Kritiker, das Neue lief ohne Bruder Johannes. So endete seine berufliche Existenz. Die letzten Jahrzehnte bis zum Tod 1978 gehörten den benediktinischen Regeln: Innenschau, Hand-Werk, Abkehr vom schönen Schein.

Auch die Landwirtschaft zählte zum Regularium des Klosters, denn Handarbeit reinigt den mönchischen Kopf. Man zieht daraus sogar materiellen Gewinn! Hier werden Mutterschweine und deren muntere Ferkel im donauabwärts gelegenen Hof Sankt Maurus gefüttert – eine veritable weltliche Sauerei.

Ein Priestermönch (Pater) wird zur letzten Ruhe begleitet, seinen Sarg deckt das auf schwarzes Tuch gestickte hellviolette Kreuz. Oben – zwischen zwei Kerzenträgern – erkennt man den Erzabt Raphael Walzer. Der nur mit dem Kopf sichtbare Mönch ist Bruder Julius Sautter, geboren 1896. Er leitete die Beuroner Klosterdruckerei und war als hervorragender Druckermeister bekannt.

In der Backstube, links eine Teigmaschine. Kleiner Blick in Richtung Historie: Die heutige Erzabtei Sankt Martin fußt auf einem 1077 gegründeten Augustiner-Chorherrenstift. Nach der Säkularisation von 1802 zogen dort 1863 zunächst zwölf Benediktiner ein. Momentan verzeichnet das Kloster Beuron einundzwanzig Priester- und neunundzwanzig Brudermönche, aber keine Novizen.

Für die Schlosserei arbeitet ein Benediktiner an der Esse nach dem Motto *Ora et labora*. Zur Zeit von Erzabt Walzer verlangte der »Instruktor« Augustin Baumer, dass alle Männer des Klosters Bärte zu tragen hätten. 1934 lebten in Beuron dreihundertzwanzig Personen, unter ihnen zweiundneunzig Priestermönche und einhundertsechzehn Brüder mit ewigen Gelübden.

Küchenarbeit am Herd, der Gekreuzigte darf nicht fehlen. Links vorn werkelt der Krankenkoch mit seinen kleineren Pfannen und Schüsseln. Sie sind für die »Infirmerie« (Krankenstation) bestimmt. Rechts hinten wird Geschirr warm gehalten. Im großen Topf dampft wohl eine Suppe. Auch dieses Bild stammt vermutlich von Bruder Johannes Berchmans Drouvé.

Zu den Werkstätten von Beuron zählt auch die Handsetzerei. Dort wird jeder Text, Buchstabe für Buchstabe, seitenverkehrt platziert und später in einem anderen Raum gedruckt. Links steht Bruder Siegfried Mutscheller (Jahrgang 1903) vor dem Setzkasten. Seine volle Konzentration ist spürbar.

Hier sind vier Brüder in der Klosterküche aktiv und putzen Gemüse. Links steht die per Transmission betriebene Zentrifuge zum Gewinnen von Rahm, rechts hinten erkennt man gerade noch (fast verdeckt) eine große Rührmaschine. Hinter den Mönchen hängen Elektroschalter. Gut vorstellbar ist es, dass während der Arbeit nicht viel geredet wurde. Oder doch – weil sie profan war?

Der Fotograf des Klosters Beuron hat eine Köhlerei aufgenommen, zwei Meiler (links: schwelend) entdeckt man hinter den Männern. Eben wird Holzkohle abgefüllt, das kleine Pferdefuhrwerk steht schon zum Transport bereit. Es ist möglich, dass dieses Bild im Bereich »Kohlplatte« entstand, wo sich heute die Straßen nach Irndorf sowie Bärenthal und Fridingen trennen.

»**Wer einen Stier** schlachtet, gleicht dem, der einen Mann erschlägt.« Kennen diese Beuroner Brüder Jesaja 66,3? Benedikt von Nursia sagte offenbar nichts Entsprechendes – und so wird denn das Rind ohne Scheu kraftvoll zerteilt. Das Fazit nach Paulus (Römer 14,2): »… wer aber schwach ist, der isst kein Fleisch.«

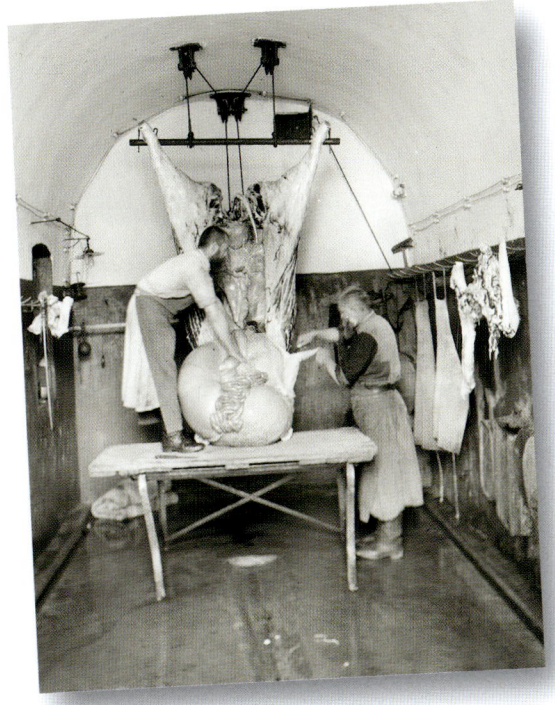

Die »Bronner Mühle« an der Oberen Donau: 1731/34 für das Geschlecht von Enzberg errichtet, wurde sie 1919 ans Kloster Beuron verkauft und im Oktober 1960 durch einen nächtlichen Erdrutsch zerstört. Der 48-jährige Müller Hugo Frey, dessen Frau Paula und ihr gemeinsamer Sohn Walter konnten nur noch tot geborgen werden. Eine Tochter im Vorschulalter überlebte die Katastrophe.

Fischerei bei Sankt Maurus. Links, mit kleiner Beute im Kescher (schwäbisch: »Hamme«), steht wahrscheinlich Bruder Markus Hummel. Gefangen werden an der Oberen Donau bis heute – vor allem nach Starkregen bei trübem Wasser – Rotaugen, Döbel und Schleien sowie manchmal auch Karpfen oder ein Hecht. Zu den Grundfischen zählen Barbe und Nase.

Ähren werden zu Garben gebunden, das Dreschen des Getreides erfolgt hinterher. Bis 1933 nahmen die Brüder für solche und andere Feldarbeiten stets ein Fässchen Bier mit. Diesen Brauch stellte Erzabt Raphael Walzer aus Ravensburg (1918–1937) ab, um hämische Kritik seitens der Nazis zu vermeiden. Niemand, schon gar kein »Antichrist«, sollte den Beuroner Mönchen am Zeug flicken.

Tuningen gehörte früher zum Oberamt Tuttlingen. 1879 wird dieses Dorf so beschrieben: »Der große, ziemlich weitläufig und regelmäßig angelegte Ort hat eine schöne, großentheils ebene, sommerliche Lage … Die Straßen sind nicht gekandelt, aber chaussirt.« Eugen Stöffler, seit 1916 dort, zeigt uns als erste Ansicht das Pfarrhaus samt einer Heppacher Diakonisse und dem Kindergarten.

Was einer ist und war ...

EUGEN STÖFFLER

Ein Mann, dessen heiterer Ruhe nichts etwas anhaben konnte, »auch nicht die Aussicht wegen Beherbergung von Juden ins Konzentrationslager zu kommen …« So beschreibt Max Krakauer jenen Pfarrer, der ihm wie seiner Frau dreimal Asyl gewährte. Das Ehepaar zog rastlos umher, denn einer »minderwertigen Rasse« anzugehören bedeutete Lebensgefahr. Max und Ines Krakauer, unter dem Decknamen Hans und Grete Ackermann durch Deutschland irrend, hatten Glück. Sie überstanden die Nazizeit.

Was ist Glück? Eugen und Johanna Stöffler stellten sich diese Frage nicht, als die Ackermanns am 4. Oktober 1943 bei ihnen auftauchten. Das Köngener Pfarrhaus schien mit sechs eigenen Kindern schon voll besetzt, doch für Menschen in Not schuf man Platz. Noch etliche andere Verfolgte fanden dort Unterschlupf, weil die »Kirchlich-Theologische Sozietät/Evangelische Bekenntnisgemeinschaft in Württemberg« entsprechend aktiv war. Mutige Christen hatten eine Kette offener Pfarrdomizile mit fast fünfzig Gliedern geformt.

So aber fing alles an: Eugen Stöffler kam 1886 im Dorf Oberjesingen bei Herrenberg zur Welt. Der Bauernsohn durchlief die Seminare Schöntal und Urach, er studierte wie viele Kollegen in Tübingen Theologie und arbeitete schon während des Ersten Weltkriegs beim Evangelischen Press[e]verband. Dessen Gründer August Hinderer hatte Stöfflers Talent zum Journalismus bemerkt, was den jungen Vikar prägen sollte. Der zeichnerisch hochbegabte Pfarrer von Tuningen (ab 1916) und Köngen (1927 bis 1947) übernahm die Bildredaktion des Gemeindeblatts für ganz Deutschland, dokumentierte Spaniens Diaspora, drehte Filme, benutzte eine Leica für bessere Fotos …

Wir müssen Atem holen. Seine Fotografien interessieren und fesseln uns, nicht zuletzt aber er selbst. Wer verbirgt sich hinter dem Material? Nochmals Max Krakauer: »… keiner, der nicht […] von der sagenhaften Hilfsbereitschaft des kleinen rundlichen Pfarrers Stöffler mit der immer weißen, selbstgebundenen Krawatte und der ewigen Zigarette [wusste …] Und seine Frau – eine der edelsten Erscheinungen in der Gemeinde der Barmherzigen, die wir durchwanderten«: Johanna Stöffler, geborene Busch. Sie und ihr Ehemann wurden in Israel posthum als »Gerechte unter den Völkern« geehrt.

Stöfflers letzte berufliche Station war das Dekanat Kirchheim unter Teck. Seit seinem Tod 1955 ist die evangelische Kirche Württembergs nach wie vor ärmer. »Was einer ist, was einer war, / beim Scheiden wird es offenbar. / Wir hören's nicht, wenn Gottes Weise summt. / Wir schaudern erst, wenn sie verstummt.« Diesen Vierzeiler schrieb der Autor und Arzt Hans Carossa. Er passt.

Um 1925 fotografiert Pfarrer Stöffler (dessen offene, menschenfreundliche Art seinem Beruf ideal entgegenkam) diesen Tuninger Landwirt. Er steht im Pfarrgarten und schaut skeptisch drein. Denn nicht an jedem Tag wird man abgelichtet, zumal von einer Respektsperson. Auch wenn sie vertraut ist.

Rose Schaible, Nachbarin von Eugen Stöffler, strickt vor dem Tuninger »Stundenhaus« einen Strumpf. Brüder und Schwestern der noch heute bestehenden, pietistisch geprägten Hahn'schen Gemeinschaft versammeln sich jeweils sonntags nach dem Gottesdienst zur »Stunde«. Dann wird die Heilige Schrift interpretiert.

Tuningen, um 1926: Ein Holzfuhrwerk hält vor dem Pfarrhaus. Zwischen Kuh und Bäuerin steht der Polizist (oder Amtsbote) des Dorfs alias »Büttel«. Links vorn, etwas unscharf, Pfarrer Stöfflers Kinder Heinz und Ruth. Die Tuninger Häuser wurden im 19. Jahrhundert als »meist klein, zum Theil mit Schindeln gedeckt und verkleidet« charakterisiert. Vierzig Gebäude brannten 1860 ab.

Am sommerlichen Tisch im Tuninger Pfarrgarten sitzen 1926 (von links) Ernst Stöfflers kleine Tochter Christa; neben ihr deren Mutter Johanna, geborene Busch, sowie Großmutter Johanna, geborene Kullen. Es folgen ein unbekannter weiblicher Gast sowie das Trio Hanna, Heinz und Ruth. Die »Ahne« stammte aus dem Dorf Hülben über Urach, sie war später Pfarrfrau in Frankfurt.

Stuttgart, ebenfalls 1926: Einzelbild aus einem 16-Millimeter-Kinofilm. Der damals 30-jährige Eugen Stöffler drehte den abendfüllenden Streifen über die Innere Mission Württemberg mit einer Ernemann-Kamera, auch Schnitt und Text stammten von ihm. Hier sehen wir Kinder der Blindenanstalt »Nikolauspflege« beim Ertasten des Friedhofs – ein Sandobjekt als Lernmittel.

Die Kinder Heinz (rechts) und Ruth Stöffler laufen zur Schule. Der Ältere trägt schon einen Ranzen, während sein Schwesterchen ihn begleitet. Das Tuninger Schulhaus verfügte schon 1879 über vier Lehrzimmer, zwei Schulmeisterwohnungen sowie zwei Wohnräume für »unständige« Pädagogen.

Ein Geistlicher unterwegs: Zwischen 1930 und 1932 wird in den »Francke'schen Stiftungen« zu Halle dieses behinderte Mädchen mit Wasserkopf (*Hydrocephalus*) fotografiert. Eugen Stöffler fühlte sich nicht zuletzt den Menschen am Rand der Gesellschaft verpflichtet, sein humanes Fundament war stabil.

Vermutlich sonntags nach einer Bibelstunde lassen sich um 1935 in Köngen Mitglieder der Hahn'schen Gemeinschaft – sie geht auf den Bauernsohn Johann Michael Hahn zurück – durch Eugen Stöffler fotografieren. Wahrhaft herausragend ist der große Mann vorn: Johannes Kuder, Rektor im Ruhestand. Er war auch eine prägende Figur des 1892 gegründeten örtlichen Albvereins.

Ausflug nach Balingen, 1934: Pfarrer Stöffler besteigt dort den Turm der spätgotischen Stadtkirche (ab 1442 erbaut) und zückt seine Kamera. Es gibt etwas zu sehen, denn ein Doppelgespann zieht zwei hoch beladene Heuwagen sowie einen Anhänger durch das Zentrum. Am Rand die Gaststätte und Metzgerei »Posthörnle« von Karl Sämann. Ihr Giebel wirft einen langen Schatten.

Vor der Konfirmation 1937 wird die Köngener Peter- und Paulskirche mit Tannengirlanden geschmückt. Rund zwei Jahrzehnte lang hat Pfarrer Eugen Stöffler dort gewirkt, tatkräftig unterstützt von seiner im Ort und darüber hinaus sehr beliebten Ehefrau Johanna. An beide, deren couragierte Haltung während der Nazizeit unvergessen ist, erinnert der Stöffler-Platz am Rathaus.

Eine schwäbische Dame ohne Allüren: Bertha Weishaar, geborene Gunzenhauser. Nach ihrem früh verstorbenen Mann wurde die Herrin des Köngener Schlosses im Ort »Frau Doktor« genannt. Mit dem Ehepaar Stöffler teilte sie dessen Abneigung gegen die Nazis und besuchte das Pfarrhaus an jedem Sonntag.

Zu den eher angenehmen Pflichten des Pfarrers zählt ein Ausflug – hier mit der evangelischen »Jugendschar« aus Mundelsheim, fotografiert von Walther Bollacher im Mai 1935 auf dem Bodenseedampfer »Österreich«. Dessen Glocke ist attraktiv, aber auch schwarzer Qualm macht sich recht gut.

Barmherzig und ohne Furcht

WALTHER BOLLACHER UND HERMANN RENZ

Das Grabmal nennt einen biblischen Satz: »Ist Gott für uns, wer mag wider uns sein?« (Römerbrief 8,31). Paulus' rhetorische Frage spiegelt Walther Bollachers Leben, denn der 1902 in Schorndorf geborene Pfarrer ging durch manchen Sturm. Zwar blieb er als junger Mensch vom Ersten Weltkrieg verschont, doch die Jahre zwischen 1939 und 1945 holten dies konsequent nach.

Ein kaum jüngerer Kollege hat dasselbe Motto am 20. Juli 1954 predigend hörbar gemacht – posthum für jene gut tausend Mitglieder des deutschen Widerstands gegen den Nazistaat, deren Not er vor ihrer Hinrichtung in Berlin-Plötzensee und Brandenburg lindern wollte und konnte. Harald Poelchaus Buch »Die letzten Stunden« legt davon Zeugnis ab. Es wurde dreimal aufgelegt. Was aber hat der Gefängnisgeistliche, ein *Religiöser Sozialist*, mit Walther Bollacher zu tun? Wenig, möchte man glauben. Korrekt ... und dennoch falsch.

Beide Seelsorger dienten unter dem braunen System an verschiedenen Fronten. Poelchau im Zwielicht kahler Todeszellen um Beistand bemüht, Bollacher als Soldat. Letzterer hatte evangelische Theologie studiert, war dann Vikar und Stadtpfarrverweser in Stuttgart, Oberndorf sowie Waiblingen gewesen und amtierte seit 1931 als Pfarrer in Mundelsheim am Neckar. Mit Kriegsbeginn eingezogen, wurde er gegen Ende durch Tiefflieger verletzt. Ihrer Gemeinde blieben der regelmäßig fotografierende Mann und dessen Ehefrau Margot bis zum Ruhestand treu.

Bollachers Neffe Wolfgang sagte 1980 über den Toten: »Onkel Walther war immer versöhnlich, barmherzig, gütig, teilnehmend, nie hart urteilend oder verurteilend, dabei abhold jedem Pathos, jeder Frömmelei in Sprache und Haltung.« Ein prägnanter Nekrolog.

Trafen solche Worte auch auf Hermann Renz zu? Der spätere Pfarrer von Neenstetten auf der Ostalb kam 1906 als Missionarskind im indischen Kalikut (heute Kozhikode) zur Welt. Er wuchs ohne Eltern auf, war ein Schüler des Theologen Karl Barth (Mitbegründer der »Bekennenden Kirche«) und stemmte sich von Anfang an gegen den NS-Staat. Sein Sohn Eberhardt hat erlebt, wie Hermann Renz' klare Haltung ihm »die wütende Gegnerschaft des [Nazi-] Ortsgruppenleiters« einbrachte. Dieser Mann war Chef der Volksschule und warf dem Pfarrer vor, das Dorf aufzuputschen.

Renz hatte trotz solcher Angriffe weiterhin keine Furcht. Am 30. August 1939 erhielt er den Stellungsbefehl, aber nichts vermochte hinterher den Briefwechsel zwischen Front und Heimat zu stoppen. Die Gläubigen daheim wurden also während zweier Kriegsjahre nicht allein gelassen. Was bleibt? An Hermann Renz, der 1941 bei Smolensk starb, erinnern ein paar treffliche Neenstetter Fotos.

Zwischen Januar 1942 und September 1943 wurde Walther Bollacher aus Mundelsheim abgezogen, denn die Pfarrstellen Wain sowie Balzheim südlich von Ulm waren vakant. Wir nehmen an, dass dieses von einer Beerdigung stammende Bild 1942 in Oberbalzheim durch Bollachers Ehefrau Margot aufgenommen wurde und somit ebenfalls zum Thema »Himmlischer Blick« passt.

Oktober 1940, während des Weltkriegs: Einquartierung im Pfarrhaus – Soldaten und Pferde werden untergebracht. Der bekannte Weinort Mundelsheim, hübsch an einer Neckarschlinge gelegen, entging Mitte Dezember 1944 nur knapp dem Desaster: Die nahe »Ottmarsheimer Höhe« wurde damals stark mit Bomben belegt, sie verschonten jedoch das Dorf (wie ein späteres Luftbild zeigt).

Im zweiten Kriegsjahr ist das Mundelsheimer »Kripple« (Kinderbetreuung) als Motiv präsent. Klein und Groß genießen dort miteinander die warme Herbstsonne vor dem Haus. Walther Bollachers Kirche wird 1866 so beschrieben: »… hat spitzbogige, der Füllungen beraubte Fenster und im Laufe der Zeit veränderte rundbogige Eingänge; über einem derselben steht die Jahreszahl 1602 …«

Im Herbst 1949 werden neue Glocken für die Mundelsheimer Nikolauskirche aufgezogen, kräftige Männer tragen ihre ebenso schwere wie erwünschte Last gemeinsam zum Turm. Bald schwingt das Geläut mit »A« und »G« übers Neckartal – ein Dorf hat seine Stimme zurückbekommen.

Hermann Renz, als Sohn eines Mitglieds der »Evangelischen Missionsgesellschaft Basel« geboren, bekam 1934 die Pfarrstelle Neenstetten (heute Alb-Donau-Kreis) zugewiesen. Dort hielt er stets guten Kontakt mit den örtlichen Bauern und deren Familien. Einer seiner Nachbarn war Großvater Henner, allgemein nur »Nele« genannt, hier beim Füttern hungriger Gänse.

Kinder auf der zugefrorenen »Pfarrlache«. Sie wurde um die Mitte des letzten Jahrhunderts zugeschüttet. Neenstetten leide oft an Wassermangel, heißt es 1836. Sein Wohlstand sei in letzter Zeit ziemlich gesunken, er hebe sich aber jetzt wieder »durch die Emsigkeit der Einwohner und unter dem wohlthätigen Einfluß eines vorzüglichen Ortsvorstehers« namens Junginger.

Als der Urlauber Hermann Renz dieses Neenstetter Quartett aufnahm, hatte er nur noch kurz zu leben: Er starb am 1. August 1941 als Soldat in Krassnyi bei Smolensk. Zwischen den Nachbarstöchtern Babette (links) und Marie Henner steht Renz' Sohn Eberhardt, vor ihm sitzend sein kleiner Bruder Burkhard.

Vier typische Backfische aus Gruibingen bei Wiesensteig (Mittlere Alb). Pfarrer Walter Frieß, dessen beeindruckende Bilder vom Dorfleben vor achtzig Jahren entstanden sind, hat diese Mädchen porträtiert. Übermut blitzt in ihren Augen, aber zugleich auch ein wenig Irritation. Von links nach rechts lachen Klara und Martha Moll sowie Paula Mann und Martha Straub.

Zwischen Distanz und Nähe

WALTER FRIESS

Trotz starker Sehbehinderung war Gruibingens Pfarrer ein exzellenter Fotograf. Der Ehrenbürger des nach wie vor schmucken Dorfs im früheren Oberamt Göppingen amtierte dort von 1927 bis 1963: jenseits aller Konkurrenz, denn andere Kollegen in Württemberg verweilten durchschnittlich zwölf Jahre. Walter Frieß indes nutzte die lange Dauer nicht nur für Schnappschüsse. Er widmete sich ebenso engagiert der Orts- und Heimatgeschichte, sein schriftlicher Nachlass umfasst zweiunddreißig Bände mit rund sechstausend Seiten. Wer bietet mehr?

Wird über den Stuttgarter Lehrersohn (Jahrgang 1898) gesagt, dieser Mann habe via Klappkamera das »sensationell Gewöhnliche« entdeckt, ist zugleich angedeutet, was die Qualität vieler Frieß-Bilder ausmacht. Es bleibt offen, ob der lebenslang ledig gebliebene Pfarrer dem schlichten Landleben frönte – jedenfalls in seinem Büro. Näher liegt es, dass er schon fast Vergangenes in letzter Minute festhalten wollte, weil unweit von Gruibingen eine Autobahn entstand. Man hätte sie damals auch »Rollbahn für Kriegszwecke« nennen können. Bauern jedenfalls protestierten: Äcker und Wiesen waren bedroht.

Etwa siebenhundert Glasnegative im Format 9 x 12 blieben erhalten, passend zum Apparat des Wandsbeker Leonar-Werks Arndt & Löwengard, dazu fünfhundert selbst hergestellte Abzüge. Letztere sind auf Kartons geklebt und lassen Walter Frieß' Absicht erkennen, sie der Gemeinde als kulturell wertvolle Sammlung zu schenken. Nicht wenige Fotos wurden dann 1986 sowie 1994 publiziert, was den Intentionen des 1991 in hohem Alter verstorbenen Pfarrers entsprach.

Unsere sehr kleine Kollektion, zur Hälfte noch unveröffentlicht, zeigt in der Mehrzahl Kinder oder Jugendliche. Vor allem sie haben Frieß interessiert. Obwohl er nach dem Urteil diverser Zeugen kein ausgeprägt emotional wirkender Mann war, ging er auf Menschen zu. Distanz und Nähe sind Schwestern, beide bedingen einander. Angesichts dieser Tatsache überrascht es kaum, dass die um 1935/36 innerhalb kürzester Zeit entstandenen Bilder des Gruibinger Geistlichen nicht selten geradezu Wärme ausstrahlen.

Vor solchem Hintergrund, schreiben Werner Unseld und Jürgen Böhringer in ihrer schönen Dokumentation »Auf dr Gass ond hinterm Haus«, »ist seine Kamera auch als ein Medium zu sehen, das soziale Kontakte verdichtet, indem es zusätzlichen Kontakt schafft«. Den suchte der im Sommer ab drei Uhr früh und während des Winters ab vier Uhr aktive Mensch vielleicht deshalb, weil ihm die Gruibinger Studierstube manchmal zu eng oder muffig vorkam. Wenn er jedoch später nach draußen ging und Motive fand, war alles vergessen …

Lydia Mack am Eingang ihres Elternhauses. Walter Frieß hatte ein auffallendes Geschick, sich Kindern per Kamera zu nähern. In seinen Fotos ist ihre Lebendigkeit festgehalten, manchmal werden auch Scheu oder Distanz sichtbar. Gruibingen hat den Pfarrer nicht vergessen und hütet sein Werk.

Marie Buck gräbt oder pflanzt im Gruibinger Pfarrgarten. Sie war die Haushälterin des allein lebenden Walter Frieß, und man sagt … nun ja … sie habe für den »Herrn Pfarrer« geschwärmt. Warum nicht? Schließlich stellte er als Mann in zentraler Position etwas dar. Doch Frieß blieb bis zu seinem Ende ledig.

Wer weiß, welchen Wert eine Mesnerin hat, erfreut sich an ihrem Fleiß in der Gruibinger Martinskirche. Vor dem Gottesdienst muss das Haus sauber sein, deshalb schwingt Marie Gölz den Besen. Zuvor aber fotografiert Pfarrer Frieß sie – und Marie bleibt nichts anderes übrig, als stillzuhalten.

Vor der Konfirmation 1938 wird die Kirche gereinigt – Anlass für ein Gruibinger Gruppenbild. Wir greifen stellvertretend vier Mädchen heraus: In der unteren Reihe links sitzen drei Mädchen, von außen Marie Gölz, Friederike und Ursula Straub. Hilde Weberruß (in der Bildmitte stehend) hält den Schrubber fest.

Erkennbar schüchtern wirkt die kleine Sattlerstochter Ruth Straub aus Gruibingen, als Walter Frieß den Apparat auf sie richtet. Wenn Gefahr droht, hilft nur noch der Daumen im Mund. Ruths Blick fragt: Was passiert jetzt mit mir? Das gehäkelte Mützchen und ein Pullover weisen in Richtung Herbst.

Böhringen über Urach, August 1937: Obsternte im Pfarrgarten. Von links Pfarrerstochter Elsbeth, neben ihr Mutter Herta Wittmann, geborene Schmid, und auf einer Leiter die Magd Marie Kirsamer. Pfarrer Wittmanns klerikaler Arbeitsplatz liegt zu jener Zeit nicht mehr »am äußersten Ende [des Dorfs]«. Aber der »Kirchhof ist mit einer hohen […] Ringmauer umgeben« (1831).

»Tapfer und getrost«

HERBERT WITTMANN UND GOTTLOB LECHLER

Etliche Pfarrer in Württemberg standen dem Nationalsozialismus skeptisch bis ablehnend gegenüber. Zu ihnen zählten auch Herbert Wittmann und Gottlob Lechler. Beide ahnten oder wussten, dass Hitler wie dessen Bande ein Weltfeuer entfachen und nicht nur das deutsche Volk ins Chaos lenken würden. Außerdem hatten die Geistlichen schnell bemerkt, dass hier der »Antichrist« arbeitete. Von ihm war kein Pardon zu erwarten.

Böhringen, ein Dorf auf der Schwäbischen Alb zwischen Urach und Laichingen, 2. Mai 1940: An Christi Himmelfahrt predigt Herbert Wittmann zum letzten Mal. Er weiß nichts davon, aber alles scheint möglich. Vier kleine Kinder könnten bald ohne Vater aufwachsen und seine Ehefrau Herta Witwe werden. Ihr Mann tauft während des kurzen Fronturlaubs die jüngste Tochter und sagt zur Gemeinde: »Wir sollens erfahren, dass man – im Glauben mit Ihm verbunden, den wir nicht sehen […] – nirgends allein ist, sondern tapfer und getrost seinen Weg gehen kann. Als Weg durch dieses Leben und, wenn es sein muss, als Weg ins Sterben.«

Gut einen Monat später findet Herbert Wittmann beim Queren der französischen Aisne den Tod, dreizehn Tage vor dem Waffenstillstand. Er gehörte dem *Pfarrernotdienst* an. Jene Organisation sorgte dafür, dass »kritische« Briefe per Motorrad von Pfarrhaus zu Pfarrhaus befördert wurden. Dass Wittmann nebenbei fotografierte, dient unserer Sammlung. Drei hübsche Familienbilder ergänzen sie und lassen zugleich an ihn denken.

Gottlob Lechlers Umfeld ist ähnlich, wenn auch im Detail etwas anders. Der in Roßwag bei Vaihingen an der Enz wirkende Pfarrer war »von Anfang an Antifaschist«, wie er rückblickend schreibt, und wurde 1940 wegen seiner Gegnerschaft zu den Nazis durch zwei Stellvertreter des damals abwesenden Lehrers Leonhard Ohr verpfiffen. Ergebnis: Sechs Monate Haft und Entfernung aus Roßwag. Ohr war zwar NS-Parteigenosse, doch kein brauner Bluthund, weshalb Lechler ihm 1946 ein faires Zeugnis ausstellte und so dem späteren Rektor half. Die Denunzianten tauchten ab.

Das Leben des Gottlob Lechler vollzieht sich zwischen 1885 und 1955: Geburt in Spiegelberg im Schwäbisch-Fränkischen Wald, Pfarrermilieu, Ältestes von sieben Kindern. Heirat mit Emilie Keller, die 50-jährig an *Angina pectoris* stirbt. Zwei Söhne kommen 1942 und 1944 um. Lechlers beruflicher Kurs führt von Bartholomä (Dekanat Aalen) über Roßwag nach Pfrondorf bei Tübingen. Man schätzte den energischen Pfarrer als geradlinig, speziell junge Leute sollen ihn verehrt haben. Seine Roßwager Fotos endeten zum Glück nicht als Makulatur und können noch immer bestaunt werden.

Ein Jahr vor Beginn des Zweiten Weltkriegs fotografiert Pfarrer Herbert Wittmann im Garten des Pfarrhauses seine Tochter Elsbeth. Sie gießt (gelernt ist gelernt!) den trockenen Boden und lässt sich nicht stören. Seit für die Schwäbische Alb moderne Pumpwerke arbeiten, ist Wasser kein knappes Gut mehr.

Wie zum Beweis dessen, dass es für Küche und Bad längst sprudelt, sitzen drei Kinder froh in einer Zinkwanne. Vetter Hans Villinger aus Großbottwar (rechts hinten) ist 1938 bei Familie Wittmann zu Gast. Vor ihm seine Bäslein Elsbeth und Ursula: Gemeinsam werden die Nacktfrösche sauber. So macht der Albsommer in Böhringen doppelt Spaß, auch wenn keine Sonne scheint.

Roßwager Jugendliche mit kleinem Beiwerk. Pfarrer Gottlob Lechler hat sie um 1930 vor der im Kern aus dem 13. Jahrhundert stammenden Martinskirche aufgenommen. Auf einem leeren Weinfass hockt Walter Bodmer, links neben ihm – etwas entfernt – steht dunkel gekleidet die Bürgermeisterstochter Eva Burckhardt. Das Dorf gehört seit 1972 zur Großen Kreisstadt Vaihingen an der Enz.

»Was kostet die Welt? Ich kaufe sie!« Ulrich Mauch, der im Winzerdorf Roßwag front, ist am 17. Juni 1938 achtzig Jahre alt. Frondienste trugen während des 20. Jahrhunderts nur noch den früheren Namen: Einst hatten unfreie Bauern speziell für ihren Grundherrn zu schuften, das »Fronen« bedeutete später Arbeit für die Gemeinde.

Karl Rapp bei Roßwag auf dem offenen Feld. Demonstrativ droht der Wengertschütz (Hüter des Weinbergs) mit seiner »Rätsche«. Auch durch Peitschen wurden unerwünschte Vögel vertrieben. Heute kommt eine automatische Dauerbeschallung zum Einsatz, um gefiederte Fresser abzuschrecken.

Roßwag um 1938: Gottlob Lechler, der dort zwischen 1928 und 1941 Pfarrer war, hält den wichtigen Akt fest: Handwerker stehen hinter dem alten Turmhahn seiner Kirche, in die Kugel werden bald diverse Dokumente als Beweis einer Renovierung gelegt. Rechts, mit Hut, Zimmermannsmeister Karl Gayer.

Vor dem Kriegsbeginn werden Kinder am Roßwager Kelternplatz fotografiert – dieses rare Bild ist ebenfalls Pfarrer Lechler zu verdanken. Für 1856 weiß die Vaihinger Oberamtsbeschreibung: »Der sehr ausgedehnte Weinbau liefert im ganzen Bezirk das vorzüglichste Erzeugniß, wie überhaupt der Roßwaager Wein [Roter Elbling, Trollinger] zu den besten des Landes gezählt wird.«

Zillhausen bei Balingen, 1940: Kurz bevor Pfarrer Eckle eingezogen wird, um den Zweiten Weltkrieg bis zum Schluss mitzumachen, führt der Bauer Gottlieb Pfeiffer seine Kühe durchs Dorf. Er will sie an Deichsel und Wagen gewöhnen. Am Haus hinter Gottlieb grüßt ein SA-Mann mit erhobenen Arm auf Blech, was den Rindviechern egal ist. Sie haben keinen Nerv für Politik …

Ebenso stark wie empfindsam

HANS ECKLE

Während des Zweiten Weltkriegs drückte Hans Eckle ab: hundertmal und noch öfter. Das war ihm wichtig. Ein uniformierter Mann ohne Hemmungen? Ganz im Gegenteil. Sein Gewehr sei die Leica mit Elmar-Objektiv und fünfzig Agfacolor-Umkehrfilmen gewesen, berichtete der 1908 in Geislingen an der Steige zur Welt gekommene Sohn eines Ingenieurs vor zwanzig Jahren. Er ergänzte damals: »Ich hab auf keinen einzigen Soldaten geschossen. Gott hat es mir erspart. Das ist eine große Gnade gewesen.«

Zum Herrgott hatte Hans Eckle stets Kontakt. Zunächst schien es so, als würde er dem professionellen Kurs des Vaters und Großvaters folgen. Doch später »bin ich berufen worden durch das Evangelium«. Eckle studierte evangelische Theologie in Tübingen, Rostock und Zürich, um hinterher Pfarrer von Zillhausen (heute Ortsteil der Stadt Balingen) zu werden. Dort und im benachbarten Streichen wirkte Hans Eckle fast viereinhalb Jahrzehnte lang, von 1934 bis 1978. Nur unterbrochen vom Krieg, den er schwer verletzt überstand. Selbst aus dem umzingelten Stalingrad entkam er noch Ende 1942 – ein fotografierender Obergefreiter, dessen rastloses Tun respektiert wurde.

Pfarrer Eckles Dorfbilder aus Zillhausen und Streichen verraten jene Nähe zum Menschen, die seine an mehreren Fronten entstandenen Fotos ermöglicht hat. Wobei gesagt werden muss, dass solche teils heiklen Aufnahmen, etwa tote deutsche Landser, die NS-Zensur unterliefen. Wie das? »Meine belichteten Farbfilme schickte ich ans Agfa-Werk nach Berlin und schrieb aufs Päckchen: ›Streng geheim, fürs Archiv! Erst öffnen nach dem Sieg!‹ Keine einzige Sendung ging verloren.« Indes stand Hans Eckle wegen »Zersetzung der Wehrkraft« vorm Kriegsgericht, weil er 1943 in Balingen seine Dias gezeigt und kommentiert hatte. Man sprach ihn jedoch frei. Auch alle Tagebücher wurden zurückgegeben (er schrieb, als Chronist, permanent bis zur Kapitulation).

»Vom Schwabenland ins Heilige Land« hieß es dann gegen Mitte der fünfziger Jahre und zu Beginn des so genannten Wirtschaftswunders. Eckle, unter anderem Initiator eines Kindergartens, Orchesters, Posaunen- und Kirchenchors, zog neue Register. Er organisierte ebenso preiswerte wie beliebte Bildungsreisen bis hin nach Jerusalem, wobei die interessierten Schäfchen und er oft fünf Wochen lang unterwegs waren – 12 000 Kilometer per Bus für 470 Mark, unschlagbar.

Der schwäbische Geistliche war ein starker Charakter, dessen Empfindsamkeit nicht verborgen bleibt. Letztere deutet sich im stillsten Motiv unserer Auswahl an: Zwei Jugendliche schaffen den Sarg eines Kindes zum Friedhof. Dieser letzte Weg hat Hans Eckle berührt.

Katharina Schneider mit ihrer Tochter Rosel und der Enkelin Gisela beim Bettenlüften im Sommer 1946. Das Nazireich ist kaputt, man atmet in Zillhausen auf – wenn auch einige Männer des Dorfs noch vermisst oder an den Fronten »gefallen« sind (wie es nicht sehr präzise heißt). Pfarrer Eckle jedoch, zu hundert Prozent kriegsversehrt, blieb seinen beiden Gemeinden erhalten: voller Tatkraft wie eh und je.

Adolf und Johanna Haag transportieren Grünfutter. Johanna hatte einst elf Kinder geboren. Was wissen wir über Zillhausen? Der Ort »liegt hochromantisch zwischen den Abhängen des Böllat und Hirschbergs im engen, waldigen und obstbaumreichen Thal des […] Büttenbachs«. Seine »großen, kräftigen Einwohner sind mehrentheils fleißig, betrieb- und sparsam« (Oberamtsbeschreibung 1880).

Zillhausen, 1952: Gemeindemitglieder auf dem Weg zur Johanneskirche. In diesem Jahr fanden zwischen Januar und Dezember zehn Trauungen statt. Nach dem Krieg zeigte Pfarrer Hans Eckle, der auch das Nachbardorf Streichen zu betreuen hatte, immer wieder seine als Landser vor allem in Russland aufgenommenen Fotos. Sie faszinierten und erschütterten viele Zuschauer.

Die Sonne wärmt schon – Anfang der Fünfziger des letzten Jahrhunderts stehen Adolf Luppold (Heizer) und dessen Ehefrau vor ihrem Haus in Streichen. Sie warten, bis Pfarrer Eckle mit seiner Leica den passenden Ausschnitt gewählt und das Paar fotografiert hat. Schwer vorzustellen, dass bald auch ältere Leute keine traditionelle Kleidung mehr tragen werden.

Vor dem Pfarrer ist niemand sicher! Hier fotografiert Hans Eckle – stets wachsam – um 1958 den kirchlichen Altenkreis von Zillhausen. Die noch rüstigen Frauen und Männer sind unterwegs zum Lochenhörnle (956 Meter), einem Aussichtspunkt am westlichen Albtrauf. Dieser leicht erreichbare »Fast-Tausender« zwischen Wiesen, Fels und Wäldern gilt zu Recht als begehrtes Ziel.

Der Schultes bei einem amtlichen Gang: Eugen Lorch, von 1946 bis 1962 Bürgermeister des 1973 nach Balingen eingemeindeten Dorfs Zillhausen. Als gelernter Schreiner war Lorch zuvor »Fertigmacher« bei der Fabrik Gottlieb Herre KG gewesen. Sie stellte vor allem Schlafzimmermöbel her.

Spätherbst. November? Zwei Buben ziehen einen hellen Sarg über Land zum Friedhof von Streichen. Die erkennbar leichte Last verrät, wer heute begraben wird. Pfarrer Hans Eckle wird diesem Kind bald den letzten Spruch widmen: »Von Erde bist du genommen, und zu Erde sollst du wieder werden.«

Gestern wie heute: Schnell aufziehende Gewitter schaden der Landwirtschaft. Pfarrer Seils war mit den Bauern und ihren Problemen vertraut, hier fotografiert er um 1950 nahe dem Dorf Wälde Gottlob und Frieda Heinzelmann vom »Bohl« bei Breitenau. Sie transportieren Reisig. Frieda führt das Kuhgespann, Gottlob hält die Ladung zusammen, Sohn Gerhard hat nichts zu tun.

Mit Sakko und Schlips

KURT SEILS

Gottes Wege sind wunderbar. Dies mag auch der Sohn eines Eisenbahners festgestellt haben, nachdem ihm das Schicksal drei evangelische Gemeinden namens Betzweiler, Wälde und Vierundzwanzig Höfe bei Freudenstadt zugewiesen hatte. Während anderthalb Jahrzehnten war er dort Pfarrer. Kurt Seils wurde 1912 geboren, wuchs im Berliner Arbeitermilieu auf, studierte Mathematik sowie Geodäsie und arbeitete dann als Kartograph. 1946 jedoch schlug seine Stunde. Seils fand Kontakt zur Landeskirche Württemberg, ließ sich kurz ausbilden und erhielt ein Jahr später die erste Pfarrstelle.

In den heutigen Ortsteilen von Loßburg denkt man gern an Kurt Seils. Zumindest alte Leute sehen den 1982 verstorbenen Amtsträger noch herumlaufen: nicht nur mit Sakko und Schlips, sondern auch fotografierend. Seils hatte 1949 eine Kodak Retina I überreicht bekommen (der Spender war Fabrikant) und sie alsbald getestet. Ob Heuernte oder Hochzeit, ob Straßenbau oder Schlittentour, ob Botengang oder Bullenkörung – kein Thema lehnte Seils ab. Voller Feingefühl nahm er seine Umgebung auf, alles war neu; jedes Detail zog den Amateur an, und nichts ließ ihn kalt. Welcher Fortschritt für ihn, dass man Schwarzweiß durch Farbe ersetzen konnte! Mit dem Agfacolor-Umkehrfilm stand gutes Material zur Verfügung. Kodachrome ging leider ins Geld.

Lange ruhten zweitausend Seils-Dias im Familienarchiv. Sie schienen sich überlebt zu haben, weil Menschen dem Dorf immer häufiger Adieu sagten und dauerhaft fortblieben. Warum? Die Stadt bot meist größere Chancen nach dem Motto: »Wes Brot ich ess …« Vorm Hintergrund solcher Abwanderung saßen am 19. Januar 2008 lokale Zuschauer dicht gedrängt in der expressionistischen Kirche von Betzweiler. Sie wollten Seils' Werk sehen und kommentieren. Ihr Interesse rührte wohl daher, dass man inzwischen anders dachte. Wurzeln wurden gesucht. Das Zuhause war wieder populär.

Jürgen Seils, einer der Söhne, hatte also aufs richtige Pferd gesetzt. Relativ kurz nach dem Tod des Pfarrers war dies noch ganz anders gewesen, denn die wohlwollende Reaktion auf Seils' ersten Vortrag blieb »ohne weiteren Nachhall«. Wer hätte damals vermutet, dass dreiundzwanzig Jahre später das Buch »Unsere Schwarzwälder Heimat in historischen Fotografien« mit Bildern von Kurt Seils erscheinen würde? Sieben von 225 Fotos haben wir ausgewählt. Das letzte und bisher unveröffentlichte sorgt für Heiterkeit, wenn man merkt, wie schlicht sich ein so genannter Fremdenverkehr um 1952 in Betzweiler präsentiert hat: Sechs Urlauber entspannen sich demonstrativ, der »Sonnenwirt« steht am Gartenzaun: Liegt jeder bequem? Aber ja.

Im Gebiet Vierundzwanzig Höfe bei Betzweiler ist der Veterinär Dr. Erich Breuning aus Loßburg aktiv: Auf dem Hof des Landwirts Hans Graf wird ein Hengst kastriert. Das Tier ist zuvor örtlich betäubt worden. Von links Gotthilf Blocher, Gottlob Walter (Sohn und Vater) sowie Dr. Breuning und Renate Graf. Es geht blutig zur Sache, die junge Bauerntochter wirkt eher kühl.

Betzweiler, 1950: »Sonnenwirt« Friedrich Kilgus mit drei voll beladenen Heuwagen. Das Pferdegespann schafft sie vom Feld am Kilberg zum Dorf – Tochter Meta muss den Zug begleiten, um notfalls die Handbremse bedienen zu können. Denn abschüssige Strecken, vertiefte Wasserrinnen oder Kurven stellen stets eine Gefahr dar. Pfarrerssohn Peter Seils indes genießt seine Aussicht.

Im Dorf Wälde macht Matthias Deutsch, Vater von dreizehn Kindern und Patriarch des Orts, Holz vor seinem Haus bei der »Rose«. 1954 sechsundachtzig Jahre alt, war er als gelernter Schindelmacher ein Leben lang fleißig. Dieser Mann konnte sich nie große finanzielle Sprünge erlauben.

Während des Sommers 1954 schultert Gertrud Mäder ihr Handwerkszeug. Mit Rechen und Heugabel, den Kinderwagen bergan schiebend, läuft sie zum »Hallwang« bei Betzweiler. Dort wartet die Feldarbeit. Zwei Kilometer Fußmarsch liegen vor ihr – von Doppelbelastung würde Gertrud wohl keinem Fremden etwas erzählen, aber zweifellos gibt es das nicht zu knapp auf dem Land.

Betzweiler, 1955: Der Totengräber Johannes Schmider bei seiner Arbeit. Für eine Ausschachtung wurde er damals mit 20 Mark entlohnt. Auch die Leichenschau und das Waschen sowie Ankleiden der Verstorbenen gehörte zu Schmiders Pflichten. Die oft weit auseinanderliegenden Trauerhäuser in Betzweiler, Wälde und Vierundzwanzig Höfe besuchte Schmider meist zu Fuß – bei jedem Wetter.

Langsam läuft in Betzweiler ein bescheidener Fremdenverkehr an. Hier erholen sich Urlauber im Liegestuhl vor dem Gasthaus »Sonne«. Vom Ozongehalt der Luft ist noch keine Rede, Ruhe und gute Kost zu günstigen Preisen haben Priorität. Dies bietet das Heimbachtal im Mittleren Schwarzwald.

»**Isch's wirklich** dr Herr Pfarrer?« Mathilde Kremer (»Kremers-Mathild«, vom Namen Grimminger abgeleitet) treibt um 1958 ihr Vieh nahe der Michaelskirche bei Weiler in den Bergen aus. Auf Alois Manz' Frage, ob sie den Prediger während einer Bernhardus-Wallfahrt verstanden habe, kam nach langer Pause folgende Antwort: »Woisch, dir ka es et saga, aber i für mi woiß dees!«

Kein frommer Duckmäuser

ALOIS MANZ

Weißer Jura? Nicht unbedingt. Nimmt man ihn als grauen Kopf unserer Alb wahr, ist Weiler in den Bergen bei Schwäbisch Gmünd das Juwel seiner Krone. Wenigstens prominent unter anderen Dörfern: geradezu idyllisch ruht es zwischen Wald und Wiesen. Der schon früh erwähnte Ort war seit 1954 zehn Jahre lang die Heimat von Alois Manz, dem katholischen Geistlichen. »Denn wir haben hier keine bleibende Stadt, sondern die zukünftige suchen wir«, hätte er gegen Ende seiner Amtszeit aus Johannes' Hebräerbrief zitieren können. Was vielleicht sogar geschah.

Pfarrer Manz kam 1906 in Neuler bei Ellwangen zur Welt. Die Kindheit oder Jugend gibt kaum Farbe her; sie allein reicht nicht aus, um ein buntes Medaillon zu malen. Aber das wäre ohnehin falsch, weil der karge Stil einen Kleriker ziert. Immerhin ist so viel bekannt: Manz' Eltern Alois und Maria Veronika waren Bauern. Nach dem Abitur studierte ihr Sohn Theologie an der Universität Tübingen, legte das Staatsexamen ab und trat dann ins Seminar Rottenburg ein. 1932 wurde er zum Priester geweiht.

Dass Alois Manz kein frommer Duckmäuser war, bekamen die Nazis zu spüren. Sechsundzwanzig Gestapoverhöre musste dieser junge Vikar als Bezirkspräses der katholischen Jugend über sich ergehen lassen, weil er kein Treuegelöbnis auf Hitler geleistet hatte. Schließlich strafte ihn NS-»Kultminister« Christian Mergenthaler mit einem Schulverbot. Manz durfte fast zwei Jahre lang nicht mehr unterrichten. Auch das irritierte den späteren Stadtpfarrer von Sulz am Neckar nur wenig. Er ließ nach 1945 die zerbombte Kirche erneuern und schaffte das Geld bettelnd herbei. Chapeau, Hochwürden.

Eines der seltenen Porträts aus seinem Jahrzehnt als Hausherr von Sankt Michael in Weiler zeigt ihn: »Manz plus Monstranz« möchten wir witzeln, doch erst jenseits aller Reimerei und dank mehrerer Belege wird deutlich, welche Kunst Alois Manz liebte – die Fotografie. Wo er ihr Partner war, erklärt die Oberamtsbeschreibung Gmünd 1870: »Ganz still und friedlich im anmuthigen […] Strümpfelbachthale liegt hinter Obstbäumen schön versteckt der freundliche Ort, mit Recht Weiler in den Bergen genannt, denn fast rings steigt hier das Land von dem grünen, viel gehügelten Thalbecken hinauf bis zu den hohen Albbergen …«

Sein Pfarrer, nach Ansicht eines späten Kollegen und gebürtigen Weilermers ebenso fleißig wie kreativ, »überraschte gern sonst eher unbeachtete Gemeindemitglieder mit seiner Fotografierleidenschaft«. Er habe auch Bilder verschenkt. Zum Glück sind die gut erhaltenen Filme nicht im Müll, sondern bei Dietmar Krieg in Erbach an der Donau gelandet, der sie spontan zur Publikation freigab.

Sauber muss es sein! Die »Kesselbäuerin« Katharina Mangold, geborene Feifel, fegt alle Stufen der Weilermer Kirche Sankt Michael. Als Ehefrau des Mesners Bernhard Mangold (im Amt von 1935 bis zum Tod 1969), war diese wöchentliche Arbeit für sie kein lästiger Dienst, sondern eine Ehre.

Alois Manz überrascht das »Fräulein Marie«, die Haushälterin des Pfarrers Ferdinand Fuoß (1881–1949) in Weiler, beim Schichten vollreifer Boskoop-Äpfel. Marie Herbst durfte auch nach Fuoß' Tod im Anbau zum Schwesternhaus an der Hauptstraße wohnen. Weil sie stets fleißig und treu war.

Fast klösterlich, in Kreuzform, ist der Pfarrgarten von Alois Manz angelegt. Dort wachsen nicht nur Blumen als Kirchenschmuck, sondern auch Beeren sowie Salat und Gemüse. Die Haushälterin Anna Sorg – deren Name bestens zum Beruf passt – pflegt ihr Reich voller Sorgfalt. Sie häufelt Erde um einen Stock.

Der Zaun am Vorgarten des Pfarrhauses soll ein festes Fundament erhalten. Dieser Handwerker bringt zu solchem Zweck Sandstein aus dem Bruch »Burghalde« bei Weiler in Form, während hinter ihm Alois Manz' guter Geist, das Fräulein Anna, schon mal Feuerholz für die Küche spaltet.

Weil die Hauptfront des Pfarrhauses nach Süden ausgerichtet ist, lässt sich Anna Sorgs Wäsche meist gut trocknen. Heißt es doch 1870 über die Merkmale der Region Gmünd, das Klima rund um Weiler sei »ziemlich mild […]; Frühlingsfröste kommen nicht häufig und Hagelschlag selten vor«.

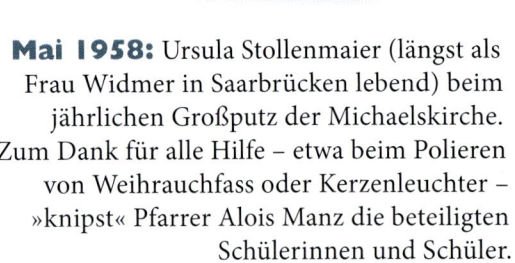

Mai 1958: Ursula Stollenmaier (längst als Frau Widmer in Saarbrücken lebend) beim jährlichen Großputz der Michaelskirche. Zum Dank für alle Hilfe – etwa beim Polieren von Weihrauchfass oder Kerzenleuchter – »knipst« Pfarrer Alois Manz die beteiligten Schülerinnen und Schüler.

Weiler in den Bergen, seit 1971 Teilort von Schwäbisch Gmünd, um 1958. An einer Prozession nehmen sichtlich gesammelt teil (von links hinten): Anton und Heinz Krieg, Hans Knies mit rotweißer Schärpe, Fahnenträger Josef Knies, Anton Stadelmaier, Manfred Krieg und Rudolf Springmann.

Neckartenzlingen, 13. Januar 1955. Der Neckar setzt den Ort unter Wasser – für Pfarrer Buchholz eine Verpflichtung, diesen Vorgang für später zu sichern. Hinter dem Radler erkennt man die alte Schule. Das »angenehm gelegene« Dorf wird 1848 so beschrieben: »... hat viele geringe, aber in der Hauptstraße auch mehrere gut aussehende Häuser. Die Straßen sind reinlich.«

Vom Krieg zum Frieden

RUDOLF BUCHHOLZ UND KARL WEBER

Als schwäbischer Spross scheidet er aus, dieser kurz vor der Wende vom neunzehnten zum zwanzigsten Jahrhundert in Frankenfelde bei Jüterbog geborene Sohn eines Pfarrers. Karl Buchholz und dessen Ehefrau Emma jedenfalls freuten sich 1899 über ihr neuntes Kind, denn es wirkte munter wie alle anderen. Dass Klein-Rudolf später vielleicht dem Weg seines Vaters folgen würde, war damals kein Thema.

Rudolf Buchholz also wächst im preußisch geprägten Deutschland heran. Nicht sehr weit von Potsdam entfernt lernt er laufen und besteht 1911 die Aufnahmeprüfung des Joachimsthalschen Gymnasiums zu Berlin, welches bald nach Templin in der Uckermark wechselt. Dem 18-jährigen Schüler verpasst man noch den Stahlhelm für Kaiser Wilhelms schimmernde Wehr; das Kriegsende erlebt Rudolf an der Westfront – »im Feld unbesiegt«, aber reifer geworden. Der christlich-humanistische Geist à la Joachimsthal lässt ihn anschließend vier Jahre lang Theologie studieren. Pfarrer Buchholz amtiert ab 1926 erstmals in einem jetzt polnischen Bauernbezirk, heiratet Erika Fechner, hat mit ihr sechs Kinder und trägt ab 1939 erneut die Uniform. Am Zweiten Weltkrieg nimmt er komplett teil, wird schwer verletzt, übersteht Hitlers Wahn vom Weltreich.

Da es nach dem so genannten Zusammenbruch viele »bedrängte« Gebiete gibt, weist Württembergs Landeskirche ihm erst Stuttgart-Mitte und dann Neckartenzlingen zu, wo Rudolf Buchholz bis 1965 bleibt. Schon lange vorm Ruhestand hatte er fotografiert. Anfangs wurde eine klappbare Agfa Billy Record 6 x 9 im Art-Deco-Design verwendet, dann die schnellere Kodak Retina II und schließlich das Modell Hapo 36. Dieses Gerät von Photo Porst dürfte der Favorit gewesen sein, denn Buchholz setzte es gern ein. Vier Bilder seiner letzten Zeit zeigen wir. Sie sprechen für alle.

Ähnlich aktiv war Karl Weber, dessen Gemeinde in Nussdorf bei Vaihingen an der Enz ihn nicht selten mit umgehängter Kamera durch den Ort streifen sah. Der evangelische Seelsorger wirkte dort zwischen 1946 und 1969. Aus Webers Amtsperiode sind Farbfotos erhalten geblieben, sie verraten ebenfalls einen präzisen Blick. Nussdorfs Leid rührte auch ihn, denn das im französischen Vormarschbereich gelegene Dorf wurde am 11. April 1945 durch Jagdbomber stark zerstört. Es war zuvor mehrmals beschossen worden. Pfarrverweser Wilhelm Deyhle hielt alle Details des Infernos in seiner Kriegschronik fest, Karl Weber förderte den Wiederaufbau des nun als Mahnmal ragenden Turms der ruinierten Martinskirche. Bilanz: Hundertachtunddreißig Familien hatten kein Heim mehr, zwanzig Nussdorfer starben beim Angriff. *Memento mori*.

»Zum Ersten, zum Zweiten …«: Hans Möhrle versteigert die jährliche Obsternte auf dem gemeindeeigenen »Kirschwasen«. Möhrle war von 1954 bis 1965 Bürgermeister von Neckartenzlingen und wechselte anschließend, in gleicher Funktion, nach Nürtingen. Dort starb er 1972 bei einem Verkehrsunfall.

Im Gasthaus »Zum Rad« stehen sechs Helferinnen der evangelischen Kirchengemeinde Neckartenzlingen. Sie sorgen für den glatten Verlauf des Weihnachtsbazars samt Kaffee und Gebäck. Von links Katharine Wild (Kelternplatz), Marie Henzler (Inselstraße), Berta Götz (Steige), eine gewisse Frau Schacl (Hauptstraße), Martha Enssle (Ermsstraße) und sitzend Marie Kostenbader (Schießhausstraße).

Woche für Woche trifft das Auto der Gärtnerei Vatter aus Bempflingen vor dem Neckartenzlinger Pfarrhaus (Planstraße 1) ein. Man kann fast die Uhr danach stellen. Rudolf Buchholz steht am Fenster, er schaut zu und fotografiert: Gurken, Weißkraut, Blumenkohl, Rettiche – Vatters Ware sieht tadellos aus und ist frisch. Dies schätzt auch Buchholz' Ehefrau Erika, geborene Fechner.

Nussdorf bei Vaihingen an der Enz um 1955: Briefträgerin Renate Girstl vor »Schwerdtles Haus« (Kirchstraße) – einem jener Gebäude, die dem desaströsen Bombenangriff am 11. April 1945 entgangen waren. Der hochgelegene Ort war schon im 19. Jahrhundert wegen seiner »malerischen Ansicht« bekannt. Wenn man ihn heute sieht, scheinen alle Wunden fast restlos verheilt zu sein.

Nach und nach schließen sich ein paar vom Krieg geschlagene Schneisen. Hier sind drei neue Wohnhäuser zu erkennen – Nussdorfs Wiederaufbau kommt langsam voran, was Karl Weber in Farbe festhält. Autos sind noch relativ rar, doch man kann ja notfalls den Esel einspannen. Hier kurvt der Friseur Otto Besserer durch den Ort: ein Bild mit Seltenheitswert.

Elsa Rapp sortiert Kartoffeln nach Größe. Was hat den Pfarrer dazu bewogen, sie aufzunehmen? War ihm klar, dass dieses Motiv schon einer gestrigen Zeit angehört? Wir nehmen die Oberamtsbeschreibung Vaihingen von 1856 zur Hand und lesen: »… außer gewöhnlichen Culturgewächsen kommen [in Nussdorf] feinere Obstsorten, Welschkorn, Gurken, Bohnen und die Rebe noch fort.«

Bei Zainingen im früheren Oberamt Urach: Johannes Baumann (»dr kromm' Baumaa«) sät noch mit der Hand, denn er kann sich keine Maschine leisten. Pfarrer Hans Ritter hat ihn dabei fotografiert. Seine Aufnahmen sind wichtige Dokumente des landwirtschaftlichen Wandels nach dem Zweiten Weltkrieg.

Letzte Reste geborgen

HANS RITTER

»Mit dem bin ich immer gut ausgekommen.« Wenn Paul Mutschler sich an seinen Pfarrer erinnert, wird nur dieser Satz formuliert. Der ehemalige Ortsvorsteher schaut auf rund sechs Jahrzehnte zurück und weiß, wovon er redet. Denn Hans Ritter war acht Jahre lang in Zainingen auf der Uracher Alb um Bauern besorgt – als Kirchenmann wie als Mensch. Vollbringt man beides mit Engagement, kann kaum etwas schiefgehen. Schon gar nicht vor ländlichem Hintergrund.

Ritter selbst möchte Vergangenes unberührt lassen, *requiescat in pace*. Ihn so spät wegen Zainingen anzusprechen, missfällt dem alten Herrn hörbar. Schon gar telefonisch? Nein. Es gilt nun den Tag für Tag schwächer werdenden Blick nach vorn zu richten: Das eigene Haus ist geordnet, was sollen da Reminiszenzen? Alles bloß Ballast, der beim Laufen hemmt.

Wir wollen trotz Hans Ritters Abwehr, deren Ursache akzeptiert wird, ein paar Daten sammeln. Geboren wurde er 1927 in Marktlustenau nicht weit von Crailsheim entfernt, wo sein Vater die Gemeinde Sankt Georg betreute. Dem Theologiestudium in Tübingen und Heidelberg schloss sich ein Hechinger Vikariat an, Zainingen mit der ersten Pfarrei folgte von 1958 bis 1966. Die weiteren Stationen hießen Nufringen bei Herrenberg und Altensteig.

Zufall oder nicht: Paul Mutschlers Freund Martin Müller aus Nagold-Hochdorf, der in Nufringen wohnte, war dort Pfarrer Ritter begegnet und erfuhr, dass dieser während seiner Zaininger Zeit fotografiert hatte. Müller arbeitete damals am Thema »Land- und Forstwirtschaft zwischen Alb und Schwarzwald«. Vom Nufringer Treff bis zu den jetzt vorliegenden Bildern vergingen etliche Jahre. Martin Müller erhielt Ritters Dias, restaurierte das Material und sagt nachträglich: »Zum Teil waren Farben verblasst, auch der Pilz hatte ihm zugesetzt. Ich hab es halt aus dem Schlaf geweckt.« Wie Dornröschen.

Was ist typisch für die Fotos des Pfarrers? Sensibilität und eine schnelle Reaktion kennzeichnen sie, als Ergebnis kam Authentisches statt Abklatsch heraus. Viele Fotos lassen erkennen, dass der »Studierte« vom Unterland im Dorf kein Fremder war. Er stieß sichtlich auf Sympathie. Mit diesem Pfund wuchernd, barg er letzte Reste traditioneller Landkultur in Württemberg. Was längst zur Folklore verkommen ist (Stichwort Heimatfest plus Umzug) oder Museen füllt, konnte Hans Ritter noch selbst erleben und dokumentieren. So sehen wir etwa zwei Frauen mit Kopftuch ihr frisches Brot und das volle »Blaazblech« vom Backhaus zum Hof schaffen – ein schnörkelloses Motiv, dessen Aussage verstärkt wird durch den doppelt gezogenen Karren. Wann hat man ihn stillgelegt? Wahrscheinlich bald.

»Die Lage von Zainingen ist eine der rauhesten auf der Alp«, erfährt man 1831. Dieses Dorf liege zwar am Ende eines flachen Tälchens und sei von Anhöhen geschützt, aber »das sumpfige Thal selber ist meist mit kalten Nebeln bedeckt«. Um 1960 klauben Mutter und Sohn Kartoffeln: Barbara Baumann (»Bäbel«) neben Jakob (Spitzname »Baumann-Sepp«). Ihre Arbeit verlangt einen starken Rücken.

Anna Abele und deren Tochter Lydia laufen vom Gemeindebackofen zum Hof. Sie haben für zwei Wochen Brot gebacken – nicht zuletzt Laugenwecken, die man beim Vesper auf dem Feld braucht. Anna hat vom Rest des Teigs einen »Blaaz« (runder Kuchen) hergestellt, den sie zufrieden trägt. Es ist Frühling, was man daran erkennt, dass ein Nachbar bereits Holz gemacht hat.

Hans Ritters Bilder entstanden während seiner ersten Amtszeit als Pfarrer zwischen 1958 und 1966. Hier sehen wir Zaininger Bauern beim Altennachmittag der Kirchengemeinde vor dem Kindergarten, weil es noch keinen Saal gibt. Wo sind die Frauen? Hinten ganz links, etwas unscharf mit Bart und Brille, steht Ritters Vorgänger Paul Langbein – ein Ruheständler wie alle anderen.

Zainingen im Winter: alles verzuckert. Blassblauer Himmel, die Sonne scheint, der Weg ist geräumt. Michael Mutschler (»Schulzenmichel«, weil sein Vater viele Jahre lang Schultheiß war) fährt zusammen mit Hans Bolai ein Fass voller Gülle aus. Weder beide Männer noch ihr starkes Arbeitspferd haben Eile. Um 1958 herrscht noch jener ruhige Rhythmus, den wir kaum mehr kennen.

Die Zaininger Schule wird vor gut hundertachtzig Jahren ausdrücklich erwähnt. Von dort aus ist Fräulein Maria Scheu mit ihren Schülerinnen und Schülern zum Gottesdienst in der Martinskirche unterwegs. Im Hintergrund das letzte Gewässer (»Hüle« oder »Hülbe«) des Dorfs, drei weitere wurden aufgefüllt.

Rosa Bohnacker gehört zum Dorf wie die Hüle. Als Gemeindeschwester ist diese Diakonisse aus Zainingen nicht wegzudenken. Immer einsatzbereit, verfügt sie über solide Kenntnisse in Praxis und Theorie. Was ebenfalls zählt, ist das Fahrrad – damit Frau Bohnacker stets beweglich bleibt.

Das Albdorf Pappelau, seit 1974/75 Teilort der Stadt Blaubeuren, war fünf Jahre lang die Heimat des Pfarrers Hans-Peter Schmid. Er hat dort tatkräftig gewirkt und ebenso gern wie gut fotografiert. Hier eine Studie vor »Heinkelbauers Hof« (Römerstraße 35, Hans Bosch) mit Blick zur Kirche.

Sanftmut, Demut, Geduld

HANS-PETER SCHMID

Was passiert, wenn starke Charaktere im Ort einander nicht grün sind? Es kommt zum Krach. Wir wollen hier nicht zwei legendäre mediterrane Gockel namens Don Camillo (Priester) und Peppone (kommunistischer Dorfchef) des Romanciers Giovanni Guareschi als Zeugen laden, sondern am Boden der Alb bleiben. Pappelau bei Blaubeuren heißt unsere Szenerie, die Akteure aber sind Pfarrer und Lehrer von Beruf. Sie heißen Hans-Peter Schmid und Albert Rüb.

Schmid wurde 1959 nach Pappelau versetzt. Hinter dem damals 31-jährigen Mann aus Ottmarsheim östlich vom Neckar (Ältester von fünf Kindern, sein Vater ebenfalls Geistlicher) lag eine bewegte Zeit: Schulbesuch in Tieringen und Stuttgart, 1944 als junges Kanonenfutter zur Flak, danach Abitur, Studium der Theologie in Tübingen und Hamburg, Heirat, Vikar, Pfarrverweser, schließlich die erste Vollstelle im Dorf Pappelau. Dort stand eine Renovierung der alten Kirche »Unserer Lieben Frau« an, was Hans-Peter Schmid entsprach.

»Er war a Baupfarrer«, sagt unser Zeitzeuge Eberhard Seiffert, »ond hot am Grüscht gschafft wie a normaler Arbeiter. Hot sich au auf d' Mischte naufgschtellt mit 'ra Mischtgabel en dr Hand ... koi Problem.« Schmid habe niemals Scheu vor Menschen gehabt und sei ihnen ohne Zögern begegnet: rundum ein guter Mann.

Auch Albert Rüb machte als Lehrer, fast Wand an Wand neben Hans-Peter Schmid sowie dessen Familie wohnend, eine tadellose Figur. Doch zwischen ihm und dem Nachbarn funkte es. Bald hingen die Haussegen schief, kein Opponent gab nach.

Wir wollen hier nicht bis zum letzten Wort wissen, welcher Wind das Feuer entfacht und genährt hat. Tatsache ist, dass Rübs Gemüsegarten einer der Streitpunkte war. Außerdem mischten Gemeinde- und Kirchengemeinderat beim Pro oder Kontra mit. Am Ende strich Schmid die Segel und wechselte 1963 ins oberschwäbische Aulendorf. Fazit?

Öffnen wir kurz das Fünf-Bände-Werk »Erinnerungen aus dem Leben eines Landgeistlichen«. Dessen Autor, Pfarrer Carl Büchsel, schreibt hundert Jahre zuvor, »... daß man nur durch Sanftmuth, Geduld und Demuth den Lehrer in Ordnung bringe ...« An dieser Haltung mag es auf der Blaubeurer Alb immer wieder gefehlt haben. Hier wie dort.

Ohne Hast, aber kaum betont sanft, fotografierte Hans-Peter Schmid zur Zeit des Pappelauer Interims mit seiner Leica I. Dieser einst vom Vater übernommene Prototyp aus dem Jahr 1929 wurde nicht nur fürs private Album eingesetzt: Dorf, Leute, Tageslauf – alles war wichtig. Auch jener Garten am Kirchenplatz, der permanent Ärger verursachte und als Beweis vor Gericht hätte gelten können. Wozu es nie kam. Gott sei Dank!

Um diesen Gemüsegarten des Pappelauer Lehrers Albert Rüb rankt sich der ebenso hart wie zäh ausgetragene Streit zwischen ihm und Pfarrer Hans-Peter Schmid. Er hing mit einer Neugestaltung des Kirchplatzes zusammen, weshalb ein Teil von Rübs fruchtbarem Biotop weichen musste. Am Ende verließ Schmid das Dorf – der lange Konflikt hatte wohl beide Parteien verbittert.

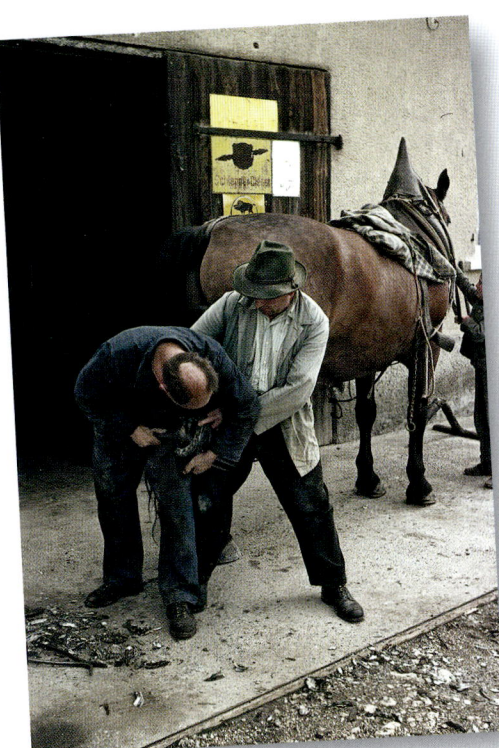

Vor der Schmiede in Pappelau, das schon 1275 als »Bappanloch« erwähnt worden ist: Hans Müller mit einem Pferd des »Drehbauern« Johannes Autenrieth (rechts, zupackend) aus dem Nachbardorf Beiningen. Müller galt als exzellenter Huf- und Beschlagschmied. Er wurde deshalb auch ausgezeichnet.

Versöhnlicher Schluss: Kinder beim Religionsunterricht im Freien. Harald Scheiffele und Horst Böttinger schaukeln 1961 an den Ästen einer Buche im »Jungholz« östlich von Pappelau. Pfarrer Schmid verlegte manchmal die so genannte Christenlehre nach draußen, damit das Spiel nicht zu kurz kam.

Schwere Arbeit mit einem gemischten Kuh- und Ochsengespann: 1950 legen sich Andreas Graf und dessen Schwester Marie aus Breitenau südlich der heutigen Stadt Loßburg ins Zeug. Sie stammen vom »Deisle-Hof«. Pfarrer Kurt Seils hat das alte Paar fotografiert – auch dieses Bild ist längst Geschichte …

Dank

Zahlreiche Helferinnen und Helfer haben dazu beigetragen, dass dieses Buch entstehen konnte – durch Leihgaben, Auskünfte oder andere Aktivitäten. Mein Dank geht deshalb an Hartwig Behr (Bad Mergentheim), Ulrich Binder (Ulm), Dr. Wolfgang Bollacher (Ludwigsburg), Georg Braun (Grimmelfingen), Peter Buchholz (Lohmar), Christian Buchholz (Dürnau), Rose Bührle (Türkheim), Hermann Class (Donnstetten), Gabriele Dieterich (Stuttgart), Dorothea und Gerhard Dilschneider (Ulm), Thomas Föll (Betzweiler-Wälde), Grete Gonser (Kirchberg an der Jagst), Dr. Ulrich Hägele (Tübingen), Hildegard Hettich (Donnstetten), Helmut Kast (Grimmelfingen), Bernhard Köbele (Münsingen), Christel Köhle-Hezinger (Esslingen), Friedrich König (Kirchberg an der Jagst), Werner Kowarsch (Lauchheim), Oliver Langer (Möglingen), Wolfgang Lechler (Kusterdingen), Georg Leiberich (Schrozberg), Jörg Martin (Freiburg), Christel Mühlhäuser (Oberwälden), Martin Müller (Nagold-Hochdorf), Ursula Müller-Mürdel (Waiblingen), Hans Munderich (Donnstetten), Hartmut Nitsche (Nussdorf), Susanne Reinke (Freiberg), Hans Ritter (Altensteig), Helmut Schill (Donnstetten), Hans-Peter Schmid (Ulm), Heinz Schoon (Wangen/Lkr. Göppingen), Jürgen und Patricia Seils (Baienfurt), Gertraud Sieler (Wernau), Gerda und Heinz Stadelmann (Ulm), Dr. Rüdiger Stöckmann (Kornwestheim), Claus-Dieter Stoll (Sulz am Neckar), Otto Strübel (Seißen), Botho Walldorf (Wannweil), Erhard Wiedmaier (Donnstetten), Margarete Wittmann-Müller (Ulm), Gabriele Wulz (Ulm) und Petra Ziegler (Stuttgart).

Außerdem danke ich folgenden Archivaren: Steffen Dirschka (Stadtarchiv Münsingen), Michaela Mingoia (Staatsarchiv Ludwigsburg), Harald Müller-Baur (Landeskirchliches Archiv Stuttgart), Dr. Gerhard Prinz (Landesstelle für Volkskunde Stuttgart), Udo Rauch (Stadtarchiv Tübingen) sowie Manfred Tremmel und Angela Vielstich (Kreisarchiv Sigmaringen).

Besonderen Dank schulde ich schließlich Ilse Bollacher-Paret (Ludwigsburg), Prof. Christoph Brudi (Roßwag), Michael Eckle (Gauting) und Hanna Eckle-Karl (Garching), Martin Haußmann (Besigheim), Bruder Wolfgang Keller (Beuron), Dietmar Krieg (Erbach an der Donau), Dr. Klaus Mohr (Tübingen), Paul Mutschler (Zainingen), Walther Paape (Sigmaringendorf), D. Eberhardt Renz (Tübingen), Constanze Schaffitzel (Esslingen), Barbara Ursula Schmid (Öschingen), Eberhard Seiffert (Pappelau), Ursula Stöffler (Bebenhausen) und Sabine Straub (Gruibingen).

Zu den Bildern

Die weitaus größte Zahl der hier präsentierten Fotos stammt aus Privatbesitz mit Ausnahme jener Bilder, die durch Archive geliefert wurden und deren Namen wie auch die der Mitarbeiterinnen oder Mitarbeiter hier genannt sind.

Folgende Institutionen haben historische Fotos zur Verfügung gestellt:

Landeskirchliches Archiv, Stuttgart: S. 82, 83, 84, 85, 86, 87, 88.

Landesstelle für Volkskunde, Stuttgart: S. 10, 36, 37, 38, 39, 40, 41, 42, 43, 78, 80, 81.

Sandelsches Museum, Kirchberg an der Jagst: S. 20, 22, 23, 24, 25, 26, 27.

Stadtarchiv Münsingen: S. 9, 16, 17, 18.

Vorderes Vorsatzblatt: Donnstetten auf der Uracher Alb. Vor dem Pfarrhaus lassen sich Leute ablichten (Ernst Haußmann, um 1910)

Seite 1: Ernst Moll aus Gruibingen lächelt den Ortspfarrer an (Walter Frieß, um 1935)

Seite 3: Der Tuninger Pfarrer Eugen Stöffler mit seinem Apparat in Aktion (um 1924)

Seite 4: Paula Trick aus Betzweiler bei Loßburg wetzt die Sense (Kurt Seils, 1950)

Seite 174: Im kleinen Dorf Unterregenbach, Hohenlohe. Der Postbote ist da (Heinrich Mürdel, 1918)

Hinteres Vorsatzblatt: Kloster Beuron. Mönche beim Heuen (Johannes Berchmans Drouvé, um 1925)

Einbandrückseite: Rose Schaible, Nachbarin des Pfarrers in Tuningen (Eugen Stöffler, um 1925)

Literatur

Baatz, Willfried: Geschichte der Fotografie. Köln 2008.
Beschreibungen der Oberämter Balingen, Blaubeuren, Calw, Geislingen, Gerabronn, Gmünd, Göppingen, Herrenberg, Kirchheim, Marbach, Neresheim, Nürtingen, Reutlingen, Sulz, Tuttlingen, Ulm, Urach, Vaihingen und Weinsberg. Stuttgart bzw. Stuttgart/Tübingen 1824–1880.
Bischoff-Luithlen, Angelika: Der Schwabe und die Obrigkeit. Stuttgart 1978.
Bischoff-Luithlen, Angelika (Hg.): Gruorn – Ein Dorf und sein Ende. Münsingen 1967.
Büchsel, Carl: Erinnerungen aus dem Leben eines Landgeistlichen. Berlin 1861.
Deyhle, Wilhelm: Nussdorfer Kriegschronik. Nussdorf 1949.
Ehmer, Hermann: Johann Friedrich Flattich – Ein schwäbischer Salomo. Stuttgart 1997.
Eichel, Christine: Das deutsche Pfarrhaus. Köln 2012.
Greiffenhagen, Martin (Hg.): Das evangelische Pfarrhaus – Eine Kultur- und Sozialgeschichte. Stuttgart 1984.
Griesinger, Carl Theodor: Universal-Lexicon von Württemberg, Hechingen und Sigmaringen. Stuttgart 1843.
Hägele, Ulrich: Foto-Ethnographie – Die visuelle Methode in der volkskundlichen Kulturwissenschaft. Tübingen 2007.
Höfert, Dorothee: Im neuen Licht – Fotografie in Baden und Württemberg. Stuttgart 2007.
Hoerder, Dirk und Knauf, Diethelm (Hg.): Aufbruch in die Fremde – Europäische Auswanderung nach Übersee. Bremen 1992.
Höslin, Jeremias: Beschreibung der Wirtembergischen Alp mit landwirthschaftlichen Bemerkungen. Tübingen 1798.
Krahl, Jürgen: Durch den Guckkasten gesehen – Frühe Photographien aus unseren Dörfern. Freiberg 1993.
Krakauer, Max: Lichter im Dunkel – Flucht und Rettung eines jüdischen Ehepaars im Dritten Reich. Stuttgart 2007.
Mall, Anton: Heimatbuch Donnstetten. Dettingen 1976.
Mayer, Eberhard: Die evangelische Kirche in Ulm 1918–1945. Ulm 1998.
Schneider, Johanna: Die 500-jährige Dorfkirche von Ostelsheim erzählt. Schönaich 1988.
Schubert, Heinz: Vor hundert Jahren »zogen die Parets auf«. Freiberg 1992.
Seils, Jürgen: Unsere Schwarzwälder Heimat in historischen Fotografien der 1950er Jahre. Bad Schussenried 2008.
Starl, Timm: Knipser – Die Bildgeschichte der privaten Fotografie in Deutschland und Österreich von 1880 bis 1980. München/Berlin 1995.
Unseld, Werner und Böhringer, Jürgen: Auf dr Gass ond hinterm Haus – Gruibingen um 1935. Weißenhorn 1994.
Weber, Edwin Ernst (Hg.): Klöster im Landkreis Sigmaringen in Geschichte und Gegenwart. Lindenberg 2005.
Weber, Edwin Ernst: Zwischen Geschäft und Kunst – Zur Geschichte der Fotografie in der Erzabtei Beuron. Stuttgart 1995.
Willmann, Anni: Der gelernte König – Wilhelm II. von Württemberg. Leinfelden-Echterdingen 1993.
Ziemer, Jürgen: Das Recht der Bilder und das Bilderverbot in der Seelsorge. Greifswald 2004.

Editorische Hinweise

Der Autor hat (oft im Zusammenhang mit Bildtexten) württembergische Oberamtsbeschreibungen des 19. Jahrhunderts als Quellen verwendet. Er ist davon überzeugt, dass sie detailreicher und damit interessanter sind als jüngere Werke. Vorrang hatte also dieser Aspekt statt der dem jeweiligen Jahr entsprechenden Aktualität. Nicht ohne Grund sind zahlreiche Personen namentlich genannt worden, denn nur so kann ein Mensch seine Identität posthum bewahren. Zitierte historische Texte wurden meist in der damaligen Form belassen und nur selten der heutigen Rechtschreibung angepasst. Alle Angaben sind sorgfältig erarbeitet. Sollten sich trotz präziser Recherche da oder dort kleine Fehler eingeschlichen haben, lehnen Autor wie Verlag jede Haftung ab. Belegbare Korrekturen werden gern akzeptiert.

Vita

Eberhard Neubronner, geboren 1942 in Ulm, fuhr früh zur See. Er ließ sich zum Fotografen und Kameramann ausbilden, um hinterher als Zeitungsredakteur (Südwest Presse) und Radioreporter (SDR) zu arbeiten. Seit 1990 ist er als freier Schriftsteller tätig. Bücher u. a.: »Der Weg«, »Das Schwarze Tal«, »Die Letzten löschen das Feuer«, »Porträts ohne Goldrand«. Im Silberburg-Verlag sind erschienen: »Nägel am Schuh – Landleben auf der Alb«, »Steine im Brot – Dorfleben auf der Alb«, »Der Herrgott weiß, was mit uns geschieht – Die Schwestern von der Albmühle« (6. Auflage 2010).

Ulrich Hägele, Jahrgang 1958, ist Akademischer Mitarbeiter an der Universität Tübingen. Er forscht unter anderem über die Geschichte der Fotografie und hat einen Lehrauftrag an der Hochschule Reutlingen.

Von Eberhard Neubronner im Silberburg-Verlag

In Ihrer Buchhandlung

Eberhard Neubronner
Nägel am Schuh
Landleben auf der Alb. Fotografien von 1890 bis 1950

Mit großer Sympathie holt Neubronner frühere Älbler mit erstmals publizierten Fotos in die Gegenwart. Lenkt »Steine im Brot« den Blick auf das Leben im Dorf, zeigt »Nägel am Schuh« Bilder vom Alltag außerhalb der Siedlungen – auf dem Feld, im Wald, zwischen Dörfern.

160 Seiten, 200 teilweise farbige Abbildungen, fester Einband.
ISBN 978-3-87407-890-0

Eberhard Neubronner
Steine im Brot
Dorfleben auf der Alb. Fotografien von 1850 bis 1950

Eberhard Neubronner zeigt mit diesen meist erstmals veröffentlichten Fotos hundert Jahre Alltagsleben auf der Schwäbischen Alb. Er dokumentiert damit die ländliche Arbeits- und Lebenswelt vom Härtsfeld bis zum Heuberg, vom Trauf bis zum Donautal. Ein berührender Rückblick ohne falsche Romantik.

160 Seiten, 209 teilweise farbige Abbildungen, fester Einband.
ISBN 978-3-87407-838-2

Eberhard Neubronner · Rudolf Werner
Der Herrgott weiß, was mit uns geschieht
Die Schwestern von der Albmühle

Das Buch zum preisgekrönten Fernseh-Dokumentarfilm. Die bemerkenswerte Biografie der beiden Schwestern Marie (1915–2001) und Klara Walz (*1924), die ihre Lohnsägerei im Laucherttal auf der Schwäbischen Alb in einfachsten Verhältnissen betrieben haben. »Ein unbeschreiblich schönes Werk, ein Buch, das berührt und anzieht, ein Werk voll Weisheit und Melancholie.« (Zollern-Alb-Kurier)

120 Seiten. 92 Farbabbildungen, fester Einband.
ISBN 978-3-87407-764-4

Silberburg-Verlag
www.silberburg.de